기 적 을 · 만 드 는 · 리 더 의 · 용 기

열정의 리더십

모리야 히로시 지음 ｜ 소화중 옮김

북팜

흔히 현대를 일컬어 무한경쟁 시대라 말한다. 이는 현대 정보사회의 거의 모든 분야에 걸쳐 그대로 적용되는 말이다. 그만큼 우리는 경쟁이라는 무한(無限)의 논리 속에서 일상적인 삶을 영위하고 있는 셈이다.

그런데 하나의 국가이든 일개 기업이든 거기에는 반드시 리더가 있게 마련이고, 그 리더의 능력 여하에 따라 그 조직의 위상이 달라지게 마련이다. 말하자면 리더의 능력이 그만큼 중요하다는 뜻이다.

이 책은 중국 고전(古典) 연구가로 저명한 모리야 히로시의 《제왕학(帝王學)의 지혜》를 번역한 것으로서, 중국 춘추전국시대를 전후한 시기의 제왕들과 제자백가(諸子百家), 그리고 영웅들의 행동원리와

지도철학을 그들의 생애를 통해 재조명한 것이다.

여기에는 중국 최고의 성인(聖人)인 공자를 비롯해 제갈공명과 유비, 조조, 손권, 그리고 항우와 유방, 한신 등 영웅들의 일화와, 《논어》, 《손자병법》, 《한비자》, 《노자》, 《장자》등 불후의 명저 속에 깃들인 지혜로 가득 차 있다.

굳이 온고지신(溫故知新)이라는 고사성어를 떠올릴 필요도 없이, 앞서 말한 영웅들의 일화와 명저들 속에서 현대를 살아가는 우리들에게 필요한 지식의 에센스만을 뽑아 정리한 이 책은 무한경쟁 시대의 리더, 또는 장차 리더가 되고자 하는 사람들에게 더없이 소중한 자기 계발의 지침서가 될 것이다.

'훌륭한 매는 발톱을 감춘다.'라는 말이 있다. 그러나 만약 당신이 훌륭한 리더가 되고 싶다면, 무엇보다 먼저 당신의 발톱이 얼마나 강인한지를 알아두지 않으면 안 된다. 중국의 고전과 영웅들을 망라한 이 시대 최고의 제왕학인 이 책에 그 비결이 숨어 있다. 모쪼록 당신의 일과 인생에 리더로서의 자질과 실력이 날로 쌓이길 바라며, 중국 3천 년 불멸의 리더학이 그 효과를 보여주길 기대해 마지 않는다.

역 자

CONTENTS

제1장

용기는 리더의
첫 번째 조건

'필부지용(匹夫之勇)'을
부리지 마라

'필부지용'과 같은 작은 용기, '포호빙하(暴虎馮河)'와 같은 무모한 용기는 리더에게 유해무익이다.

병법서(兵法書)인 《손자(孫子)》에는, 장수가 지녀야 할 조건으로 '용기〔勇〕, 지혜〔智〕, 신용〔信〕, 어짊〔仁〕, 엄격함〔嚴〕'의 5가지를 들고 있다. 이러한 조건들을 음미하면서, 난세를 헤쳐 나가는 리더의 조건에 관해 생각해 보기로 하자.

우선 '용기'에 관해서 알아보자.

'용기'를 리더의 조건으로 꼽은 것은 너무나 당연하며, 새삼스럽게 설명할 필요조차 없다.

'용기'의 실상은 갖가지이다. 달리 말하면, '용기'에는 리더에게 없어서는 안 될 용기가 있고, 유해무익(有害無益)한 용기가 있는데, 리더에게 필요한 용기는 과연 어떤 것인가 하는 것이 문제인 것이다.

그렇다면 유해무익한 용기란 무엇일까?

맹자(孟子)는 이것을 '필부지용'이라고 했다.

맹자는 어느 날, '과인에겐 나쁜 점이 있소. 과인은 너무 용기를 좋아하오.'라며 용기를 자랑삼아 이야기하는 제(齊)나라 선왕(宣王)에게 다음과 같이 유세(遊說)했다.

"부디 작은 용기를 삼가십시오. 두 눈을 부릅뜬 채 날이 시퍼렇게 선 칼날을 손바닥으로 쥐고, '나처럼 할 수 있는 사람 있으면 어디 한 번 해봐!' 하고 외치는 것은 필부의 용기에 지나지 않으며, 고작 한 사람을 상대할 만한 용기입니다. 용기를 지니실 바에야 부디 큰 용기를 갖도록 하십시오."

이러한 작은 용기, 요컨대 '필부지용'은 리더에게는 유해무익할 뿐이다.

공자(孔子)도 이러한 용기를 '포호빙하(暴虎馮河)', 즉 맨손으로 호랑이를 때려잡고 걸어서 황하(黃河)를 건너려는 것과 같은 무모한 짓이라며 경멸했다.

어느 날, 용기에 관한 한 공자의 문제(門弟) 중에서 으뜸이라는 소리를 듣는 자로(子路)가 공자에게 집요하게 물었다.

"스승님께서 큰 나라의 총사령관이 되신다면 어떤 인물을 의지하시겠습니까?"

자로는 은근히 '너처럼 용기 있는 놈일 테지.'라는 대답을 기대하고 있었다. 그런데 공자는 이렇게 대답했다.

"맨손으로 호랑이를 때려잡고 걸어서 황하를 건너려는 사람은 사양하겠다. 오히려 겁쟁이처럼 보일지언정 주의가 깊고, 주도면밀하게 계획을 세우는 사람 쪽이 훨씬 믿음직스럽지."

이 말에 용기라면 결코 남에게 뒤지지 않던 자로도 그만 낯을 붉히고 말았다.

이처럼 '포호빙하'와 같은 용기도 리더에게는 유해무익하다고 잘라 말할 수 있다.

또한 《손자》에 필적하는 병법서 《오자(吳子)》에는 이렇게 씌어 있다.

일반적으로 사람들은 장수의 자격에 관해 논할 경우, 용기만을 중시한다. 그런데 용기는 장수가 갖춰야 할 여러 조건 가운데 일부분에 지나지 않는다. 용기를 과시하는 자는 앞뒤를 가리지도 않고 싸움을 벌인다. 이런 싸움은 어떤 일이 있어도 피해야 한다.

나아가기만 하는 것은
용기가 아니다

앞으로 나아가야 할 때는 나아가고, 물러서야 할 때는 물러설 줄 아는 것이 리더를 꿈꾸는 자가 지녀야 할 용기이다.

　요컨대 리더에게는 무턱대고 돌진하는 '용기'는 불필요할 뿐 아니라, 오히려 마이너스적인 면이 많다는 것을 명심하지 않으면 안 된다.

　그렇다면 리더에게 필요한 '용기'란 어떤 것일까?

　그것은《오자》에 나오는 말처럼, '나아갈 만하면 나아가고, 어려우면 물러서는' 용기를 말한다. 즉 앞으로 나아가야 할 때는 나아가고, 물러서야 할 때는 물러설 줄 아는 것이 바람직한 용기인 것이다.

　그리고 '일을 처리하려면 과감하게 결단하는 것이 용기이다.—《禮

記》, 삼군(三軍)의 재앙은 의심하여 망설이는 것에서 생긴다.—《오자》라고 한 것처럼, 결단이 요구될 때는 주저하지 않고 결단하는 용기가 리더에게는 필요하다. 결단의 순간에 잔격정이나 하며 망설인다면 진정 용기 있는 사람이라고 말할 수 없다.

옛날 한(漢)나라의 유방(劉邦)을 섬긴 무장 중에 한신(韓信)이란 인물이 있었다. 그는 군대를 지휘하는 데는 천하무적의 용장으로, 훗날 유방으로부터 '백만 대군을 마음대로 지휘하여 승리를 거두는 데에는 한신을 도저히 따를 수 없다.'라는 말을 들을 정도로 용병의 달인(達人)이었다. 그런 그가 거지와 같은 생활을 하던 젊은 시절, 거리에서 불량배들을 만난 적이 있었다.

"야아, 집채만한 몸집에 칼까지 차고 있어 꼴은 제법 사내다워 보이는데, 배짱은 어떨까?"

무슨 일인가 하고 사람들이 모여들자, 불량배들은 더욱 기세를 올렸다.

"어때, 목숨을 버릴 용기가 있다면 나를 찔러봐! 그게 겁나면 냄새나는 내 사타구니 밑으로 기어가던지."

한신은 가만히 불량배들을 쳐다보더니, 이윽고 땅에 엎드려 네 발로 기어 한 불량배의 다리 사이를 빠져나갔다. 이를 본 사람들은 저마다 욕을 하며 한신에게 침을 뱉었다.

이것이 바로 그 유명한 '한신, 불량배의 샅 밑을 기어가다.'라는 일화이다.

한신이 힘을 쓰기로 마음만 먹었더라면, 불량배 몇 명쯤 요절내는 것이야 일도 아니었을 것이다. 그런데 그는 그렇게 하지 않았다. 왜 그랬을까? 하찮은 불량배들의 시비에 말려들어 만에 하나 부상이라도 당한다면, 장차 큰일을 해야 할 자신만 손해를 볼 뿐이라고 생각했던 것이다.

장수가 되고자 하는 자, 즉 리더를 꿈꾸는 자가 지녀야 할 용기는 바로 이런 용기여야 하는 것이다.

용기는
결단의 근본이다

현명한 결단을 내릴 수 있는 근본은 '용기'이다. 난세를 헤쳐 나가는 리더에게 요망되는 것 또한 바로 이것이다.

한신의 일화에서 알 수 있는 것처럼, 리더를 꿈꾸는 사람의 용기는 때에 따라서는 비겁하게 보일 때도 있다. '나아가기 어려우면 물러선다.'는 용병은, 자칫하면 겁쟁이 지휘관이라는 비난을 받을 수도 있는 것이다.

제갈공명(諸葛孔明)도 그런 사람 중의 하나였다.

공명이 촉한(蜀漢)의 군대를 이끌고 첫 번째 북정(北征)에 나섰을 때, 전군을 한중(漢中) 근처에 집결시키고 작전회의를 열었다. 그때

위연(魏延)이란 맹장은 직선 코스로 단숨에 장안(長安)으로 진격하자는 작전을 진언했다. 그러나 공명은 이를 물리치고, 멀리 돌아가는 서쪽 코스를 택해 진공했다.

위연의 작전이 홈런 한 방을 노리는 적극적인 작전이라면, 공명이 채택한 작전은 야구용어로 '베이스 온 볼스(base on balls)', 즉 출루한 주자를 번트로 다음 베이스에 보내고, 다음 타자의 안타로 득점하려는 작전이었다.

위연과 같은 맹장의 입장에서 보면, 공명의 작전은 너무나도 견실하여 성에 차지 않았다. 그는 훗날까지 공명을 겁쟁이라고 비난했다.

그런데 공명의 생각으로는, 위연의 작전은 너무나 위험했다. 요행히 성공하면 다행이지만, 실패하는 날엔 전군이 괴멸될 염려가 있었던 것이다. 공명은 그런 위험을 좋아하지 않았다. 그런 위험을 좋아하지 않았다기보다는 그런 위험을 무릅쓰고 대군을 동원할 수가 없었다는 표현이 옳으리라.

당시 공명은, 선군(先君) 유비(劉備)의 유조(遺詔:임금의 유언)를 받들어 국정의 실권을 장악하고, 국운의 성함과 쇠함에 모든 책임을 지고 있었다. 그러므로 공명의 입장으로서는 무모한 모험을 하느니보다는 철저하게, 그리고 안전하게 이길 수 있는 방법을 생각하지 않을 수 없었다.

공명이 겁쟁이라는 소리를 들으면서도 모험을 피했던 것은, 바로 이런 까닭에서였다. 이러한 선택은 진정한 용기가 있어야만이 가능하며, 또 그래야만이 장수, 즉 리더에게 요구되는 용기를 지녔다고 할 수 있는 것이다.

그런데 공명의 두 차례에 걸친 출정 때마다 사마의(司馬懿: 자는 중달)라는 장군이 위군(魏軍)의 총사령관으로 공명과 맞섰다.

우리에게 널리 알려진 소설 《삼국지》에는, 이 중달이 매번 공명의 교묘한 전술전략에 농락당하는 멍청한 무장으로 묘사되어 있다. 그러나 사실 그는, 멍청하기는커녕 공명에 조금도 뒤지지 않는 지모를 지닌 인물이다. 그런데 그런 중달도 부하 장수들로부터 겁쟁이라는 소리를 자주 들었으니 여간 흥미로운 일이 아닐 수 없다.

공명의 군대와 대치하게 된 중달은, 철저하게 교전을 피하고 끈질긴 지구전에 돌입하여, 촉군이 제풀에 지쳐 퇴각하길 기다렸다.

사실 당시의 상황으로 볼 때 이것은 대단히 현명한 작전이었다. 왜냐하면 중달의 입장에서는 촉군을 위나라 영내로 들여보내지만 않으면 되었으므로, 국경 밖에 있는 촉군을 굳이 따라다니면서까지 격파할 필요는 없었기 때문이다. 물론 전쟁에서는 싸워서 격퇴시키는 것보다 더 좋은 방법은 없지만, 싸우면 이쪽도 손해 보지 않을 수 없었기 때문에 당시로서는 그 방법이 최선책이었던 것이다.

《손자》를 필두로 하는 중국의 병법서들은 하나같이 싸우지 않고 이기는 것이 가장 좋은 승리라고 말하고 있다. 중달도 이 점을 노렸던 것이다.

이러한 용병은, 피가 끓는 부하 장수들의 입장에서 보면 도저히 용

납되지 않는 겁쟁이 짓임에 틀림없으리라. 중달의 부하 장수들은 불만을 터뜨렸다.

"호랑이와 싸우는 것도 아닌데 어찌하여 이렇게 촉군을 두려워하십니까. 이는 천하 사람들에게 비웃음만을 살 뿐입니다."

그러나 중달은 겁쟁이 지휘관에 만족함으로써 촉한의 대병(大兵)을 물러가게 하여 부전승(不戰勝)을 거두었다. 진정한 '용기'가 있었기에 신출귀몰한 공명을 상대로 값진 승리를 얻을 수 있었던 것이다.

위의 조조(曹操), 촉의 유비와 함께 《삼국지》의 한 면을 장식하는 자가 오(吳)의 손권(孫權)이다. 손권은 조조나 유비에 비하면 약간 개성이 뚜렷하지 못한 게 사실이지만, 결단이 필요할 때는 과감하게 결단을 내리고 참아야 할 때는 이를 악물고 참는 인물이었다. 그런 점에서 그도 만만치 않은 '용기'의 소유자였다.

그가 위·촉과 천하를 삼분하여 강동(江東)의 영토를 평안하게 다스리며 50년 이상 권좌에 앉을 수 있었던 것은, 이러한 용기가 있었기 때문이다.

손권이 겪은 가장 큰 위기는, 100만이 넘는 조조 군단의 공격을 받게 되었을 때였다. 당시 손권 휘하의 대부분의 중신들이 항복을 진언했음에도 불구하고 그는 단호히 싸울 것을 결의하고, 조조의 대군을 적벽(赤壁)에서 맞아 싸워 극적인 승리를 거두었다.

두 번째 위기는 그로부터 14년 후, 이번에 유비의 대군단에 의해 공격을 받게 되었는데, 그는 왕년의 숙적인 위와 손잡고 유비의 군단을 물리쳤다.

요컨대 과감히 대군을 상대로 항전하기로 결정한 것도 결단이며, 전날의 숙적과 손을 잡은 것도 결단이라고 할 수 있다. 그 양상은 다르지만, 그 근본을 이루는 것은 '용기'라고 말할 수 있을 것이다.

진정한 용기가 있어야만이 이러한 결단을 내릴 수 있는 것이다.

난세를 헤쳐 나가는 리더에게 요망되는 것은 바로 이런 용기가 아닐까?

제2장

지혜는 리더의
두 번째 조건

머리를 써서 승리하라

지혜란 상황을 정확하게 이해하는 능력, 또는 정황에 대처하는 유연한 사고력을 말한다.

《손자》에는, 장수된 자가 갖추어야 할 두 번째 조건은 바로 '지혜'라고 했다.

'지혜'란 무엇일까. 중국 고전 속에서 이에 관해 언급한 몇 마디를 찾아보자.

'지혜로운 자는 아직 일이 일어나기 전에 그것을 안다.' —《전국책(戰國策)》
'지혜로운 자는 위험을 무형(無形)으로 피한다.' —《사기(史記)》

'지혜로운 자는 때를 놓치지 않는다.' —《공자가어(孔子家語)》

요컨대 지혜란 미래를 예측하는 능력을 포함한 것이라고 해석할 수 있다. 부연한다면 상황을 정확하게 이해하는 능력, 또는 정황에 대처하는 유연한 사고력을 말한다.

그리고 지혜는 바른 결단을 내리는 데 없어서는 안 될 요소이며, 그것을 전쟁에 적용한다면, 힘으로 싸우는 것이 아니라 머리로 싸우는 경우 절대적으로 필요한 것이다.

그러면 '지혜'의 발현 형태를 구체적으로 검토해 보자.

《손빈병법(孫臏兵法)》의 저자인 손빈은 제나라의 군사(軍師)였다. 그는 제나라의 군사가 되기 전 자신의 재능을 알아본 제나라의 장군 전기(田忌)의 식객으로 부름을 받은 적이 있었다. 전기는 내기를 즐겨 해서, 제나라 귀족의 자제들과 돈을 걸고 마차경기를 하곤 했다.

하루는 손빈이 마차경기를 구경하게 되었다. 서로 세 대의 마차를 준비한 다음 한 대씩 경기를 벌여 두 번 먼저 이기는 쪽이 상금을 차지하는 것이었다. 손빈이 마차의 능력을 유심히 관찰하니, 누구의 마차이건 출전하는 마차들은 대체로 상·중·하 세 등급으로 능력을 구분할 수 있었는데, 같은 등급의 마차는 능력이 거의 같았다. 손빈은 한 가지 계교가 떠올라 전기에게 말했다.

"제 생각대로 하시면 틀림없이 이길 수 있습니다."

전기는 손빈의 말을 듣고 크게 기뻐하며, 귀족의 자제들뿐 아니라 왕족을 상대로 천금(千金)을 거는 큰 승부를 벌였다.

드디어 경기가 시작되자 손빈은 전기에게 넌지시 일렀다.

"장군의 마차 중 가장 느린 놈을 상대방 마차 중 가장 빠른 놈과 겨루게 하십시오. 그리고 이쪽의 가장 빠른 놈을 상대방 마차 중 두 번째로 빠른 놈과 겨루게 하고, 이쪽에서 두 번째로 빠른 놈을 저쪽 의 가장 느린 놈과 겨루게 하십시오."

그 결과 전기는 첫판을 진 다음에 나머지 두 시합을 모두 이겨 큰 돈을 거머쥐게 되었다.

시시한 이야기라고 할 수도 있다. 그러나 머리를 써서 이겼다는 점 에서 말한다면, 이것이야말로 '지혜'를 써서 싸우는 기본적인 유형이 라고 해야 할 것이다.

손빈의 뛰어난 지혜는, '계릉(桂陵)의 싸움'에서 유감없이 발휘되 었다.

'계릉의 싸움'은, 위나라가 대군을 동원하여 조(趙)나라의 수도 한 단(邯鄲)을 포위한 것이 발단이 되어 일어났다. 조나라는 위군의 맹 공에 견디지 못하고 제나라에 구원을 청했다. 제나라는 즉시 전기를 총사령관, 손빈을 군사로 삼아 구원군을 보냈다.

처음에 전기는 군대를 이끌고 조나라의 수도 한단을 구원하려고 했다. 이것은 어떤 지휘관이라도 생각할 수 있는 작전으로, 힘으로 상대방의 포위망을 와해시키려는 방법이다. 이에 군사 손빈이 이견 을 제시했다.

"엉킨 실타래를 풀 때엔 결코 마구 잡아당겨서는 안 됩니다. 남의 싸움을 도와줄 때도 무턱대고 싸움에 뛰어들어서는 안 됩니다. 상대방의 허를 찔러야만이 엉킨 실타래가 풀리듯 형세가 유리하게 풀리는 법입니다. 지금 위나라는 한단을 둘러싸는 데에 전군을 투입하여, 자국 내에는 노약한 병졸만이 남아 있을 뿐입니다. 이 기회에 위나라의 수도 대량(大梁)으로 단숨에 쳐들어가는 게 어떻겠습니까. 그러면 조나라에 있는 위군은 한단을 포위했던 군사들을 풀어 급히 대량으로 돌아오지 않을 수 없을 것입니다. 이것이야말로 한단을 구하는 동시에 위나라 군대를 피폐케 하는 일석이조의 효과를 거둘 수 있는 작전입니다."

전기가 이 작전을 실행에 옮기자, 손빈의 예상대로 위군은 한단을 포위했던 군사를 풀고 급히 귀국길에 올랐다. 모든 공격 준비를 끝낸 제나라 군대는 위군을 계릉에서 맞아 대승을 거두었다.

이는 한마디로 작전의 승리라고 할 수 있다. 그리고 이런 승리를 제군에게 안겨준 것은 바로 손빈의 뛰어난 지혜였다.

만일 이때 제군이 직접 한단으로 진군했다면 어떻게 되었을까? 틀림없이 적과 정면으로 맞부딪쳐 힘 대 힘의 대결을 벌였으리라. 그랬다면 승리하지 못했을지도 모른다. 그리고 승리를 했더라도 제군의 피해 또한 만만치 않았을 것이다.

그런 점에서 '계릉의 싸움'을 지휘한 손빈은 그야말로 뛰어난 지략가임에 틀림이 없다.

냉정하게 상황을 읽고, 정확하게 판단하라

'지혜'로운 리더라면 상황을 냉정하게 판단하여, 부하로 하여금 유리하면 나아가게 하고 불리하면 물러서게 해야 한다.

범용(凡庸)한 장수일수록, '전진! 오로지 전진!'을 외치며 무턱대고 전진 나팔을 불고 싶어한다.

오늘날 조직사회에서도 부하를 꾸짖는 것을 자신의 일로 자처하는 리더가 적지 않다. 물론 때로는 부하를 꾸짖을 필요도 있지만, 그것은 리더가 해야 할 일 가운데 극히 작은 부분에 지나지 않는다.

그러나 '지혜'로운 리더라면 상황을 냉정하게 판단하여, 부하로 하여금 유리하면 나아가게 하고 불리하면 물러서게 할 줄 알아야 한다.

삼국시대, 오나라의 손권에게 출사(出仕)한 육손(陸遜)이란 장수도 그런 리더 중의 한 사람이다.

촉의 유비가 대군을 이끌고 오나라를 침공했을 때, 이를 맞아 싸울 오군(吳軍)의 총사령관에 발탁된 인물이 육손이다. 그의 나이 그때 겨우 40세. 그가 거느려야 할 부장(副將)은 선대 이래의 중신과 숙장(宿將)들이어서, 젊은 그로서는 그들을 지휘하기가 결코 쉽지 않았다. 그렇지만 그는 더없이 냉정하게 지휘봉을 휘둘러, 오군을 대승리로 이끌었다.

유비가 출격했다는 보고가 들어오자, 오군의 여러 장수는 일제히 긴장하며 이구동성으로 출동을 서둘러야 한다고 육손에게 말했다.

"기다려라. 기다려야만 한다."

육손은 여러 장수를 달랬다.

"유비는 전군을 거느리고 공격하려 한다. 그들과 힘으로 정면으로 맞서려는 것은 옳지 않다. 더욱이 저들은 자연의 요해처(要害處)에 포진하고 있기 때문에 쉬 저들을 공격할 수가 없다. 설혹 공격할 수 있다 하더라도 완전히 괴멸시킬 수는 없다. 섣불리 공격하다 실패하는 날에는 돌이킬 수 없는 사태를 맞게 된다. 여기에서 조금도 방심하지 말고 만반의 준비를 한 채 정세가 변화하길 기다리자. 이 일대가 평야라면 저들은 군사를 풀어 난전을 벌여올 수도 있지만, 적은 산에 진을 치고 있기 때문에 그렇게 하지는 않을 것이다. 더욱이 산길을 따라 진군하느라 피로해진 저들이 굳이 위험을 무릅쓰고 먼저

공격할 리가 없다. 우리는 그저 방심하지 말고 저들이 제풀에 지쳐 물러가기를 차분히 기다리자."

그렇지만 여러 장수들은 육손의 뜻을 이해하지 못했다.

"육손은 겁에 질려 엉뚱한 소리를 하고 있다."

다들 입을 모아 이렇게 육손을 욕했다.

이리하여 지구전은 반 년 남짓 계속되었다. 원정군인 유비군에 점차 피로의 기색이 나타나기 시작했다. 그것을 알아차린 육손은 서서히 공세를 취할 때라고 판단했다.

그런데 이번에는 여러 장수들이 일제히 반대했다.

"공격을 한다면 적이 포진하고 있는 산의 돌출부를 해야 합니다. 지금까지 600리에 걸친 전선에서, 적에게 많은 공격을 당하며 이미 반 년이나 흘렀습니다. 그동안 적은 우리의 수많은 요해처를 함락하고 수비를 굳게 하고 있는 형편입니다. 지금부터 공격하더라도 이길 낌새는 보이지 않습니다."

"아니, 그렇지 않다. 분명 유비의 군대는 천군만마(千軍萬馬)의 강병이다. 저들이 공격할 때는 치밀한 작전을 세운 다음 움직이기 때문에 맞서 싸우더라도 승산이 없다. 그런데 지금은 전선이 교착상태에 빠지고, 적은 매우 지쳐 있으며 사기도 형편없다. 게다가 이렇다 할 타개책도 찾지 못하고 있다. 지금이야말로 저들을 에워싸 섬멸할 더없이 좋은 기회이다."

육손은 우선 사전연습으로 유비군의 한 곳을 공격해 보았다. 그런데 어이없게도 공격하던 부대가 패퇴하고 말았다.

"역시 우리 생각대로다. 불쌍한 병졸만 죽이고 말았다."

여러 장수들은 너나없이 불만을 터뜨렸다.

그런데 육손은 '맞아, 바로 그거야. 드디어 적을 깨뜨릴 방법을 알았다.'라고 말하더니, 불로 공격하기 시작하여 마침내 유비의 대군을 격파했다.

이것이 《삼국지》중에서도 유명한 '이릉(夷陵)의 싸움'의 전말이다.

육손은 이처럼 정황을 읽는 눈이 부하 장수들과는 완전히 달랐다. 정황을 정확하게 읽을 수 있었기에 올바른 결단을 내릴 수 있었던 것이다. 그것을 가능하게 한 것은 바로 '지혜'였음을 잊지 말라.

제3장

어짊은 리더의
세 번째 조건

어짊이야말로
부하의 마음을 분발시킨다

인(仁)은 몸 가까이에 있다. 자신을 늘 다른 사람의 입장에 두고 생각하는 것, 이것이 바로 인이다.

《손자》에는, 장수된 자가 지녀야 할 세 번째 조건은 '어짊'이라 했다.

그렇다면 '어짊'이란 과연 무엇인가? 이에 관해 가장 많이 언급한 사람이 바로 공자이다.

《논어(論語)》에 인의 요체에 관해 간단하게 설명한 다음과 같은 일화가 있다.

하루는 자공(子貢)이라는 제자가 공자에게 물었다.

"백성을 빈궁으로부터 구제하고 생활을 안정시킬 수 있다면, 그런

것을 무엇이라고 해야 하겠습니까? 인(仁)이라 말할 수 있겠습니까?"

그러자 공자는 이렇게 대답했다.

"그것은 이미 인이 아니다. 거기에 이르면 성(聖)이니라. 성천자(聖天子)인 요(堯)와 순(舜)조차 그런 일을 성취할 수 없어 번민했느니라. 인은 몸 가까이에 있느니라. 자신의 명예를 귀중하게 생각하면, 먼저 다른 사람의 명예를 중히 여기게 된다. 또한 자신이 자유로우면 다른 사람의 자유를 존중하게 된다. 이렇게 자신을 늘 다른 사람의 입장에 두고 생각하는 것, 이것이 바로 인이니라."

그런데 어째서 인이 장수된 자의 조건으로 필요한 것일까?

그것은 장수된 자가 부하의 입장을 생각함으로써, 부하로 하여금 '나를 이렇게 생각해주는 상관을 위해서라면······' 이라는 기분을 갖게 하여 그들을 분발케 할 수 있기 때문이다.

예를 들어보자.

전국시대(戰國時代)의 장군인 오기(吳起)한테는 다음과 같은 유명한 일화가 있다.

오기는 《오자》라는 병법서의 저자로 알려져 있는데, 그는 위나라의 장수로서 전쟁터에 나가면 늘 말단 병사와 같은 음식을 먹고 같은 옷을 입었으며, 같은 곳에서 잠을 잤다. 또 병사의 짐을 나눠 메고, 자신의 수레에 병사를 동승시키는 등 병사와 모든 행동을 같이 했다. 그 때문에 병사들로부터 인망이 두터웠다.

어느 날 한 병사가 종기로 고생하고 있다는 사실을 안 오기는 주저하지 않고 입으로 직접 고름을 빨아냈다. 그런데 나중에 이 이야기를 전해들은 그 병사의 어머니는 갑자기 울기 시작했다.

이를 이상히 여긴 남자가 물었다.

"당신의 자식은 말단 병사에 지나지 않소. 그런데도 장군이 직접 고름을 빨아주었다 하오. 그런데 어찌하여 우는 거요?"

그러자 병사의 어머니는 이렇게 말했다.

"결코 고마운 일이 아니랍니다. 사실은 지난해 저 아이의 아비도 종기로 고생을 하고 있던 차에 오기 장군이 입으로 고름을 빨아주었습니다. 그후 그 사람은 오기 장군을 따라 출전했는데, 장군의 은혜에 보답하려고 악착같이 싸우다가 결국 목숨을 잃고 말았답니다. 그러니 저 아이의 운명도 결정이 된 셈이죠. 작년에는 남편을 잃고 올해에는 자식마저 잃게 되었으니 어찌 좋아라 할 수 있겠습니까."

오기가 베푼 인은 인이긴 하되 의도적인 냄새가 강한 것 같은 느낌이 없지 않다. 그러나 '병(兵)은 사지(死地)다.', 즉 일단 전쟁이 터지면 수단 방법을 가리지 말고 이겨야 한다고 손자도 이야기하고 있듯이, 전쟁은 죽느냐 사느냐가 결정되는 마당으로, 사선(死線)에서 승리하기 위해서는 병사들의 용전분투가 무엇보다 필요하다.

이것은 현대 비즈니스 전쟁에서도 마찬가지이리라. 따라서 온갖 방법을 가리지 않고 병사의 마음을 사로잡은 오기의 행위는 칭찬받아 마땅하리라.

'인'으로써
부하를 다루어라

유비가 오랜 고난 끝에 촉나라의 땅에다 세력을 쌓을 수 있었던 것은, 부하의 충성을 이끌어내는 '인'이라는 강력한 무기가 있었기 때문이다.

오기가 다소 의도적으로 '인'을 베풀었다면, 한(漢) 무제(武帝) 때 흉노와의 싸움에서 크게 활약한 이광(李廣)이란 장군은 가장 자연스럽게 '인'을 실행에 옮긴 사람이라고 할 수 있다.

이광은 부하들을 끔찍이 생각했다.

하사(下賜)된 은상(恩賞)은 고스란히 부하들에게 나누어주었으며, 음식도 늘 부하들과 같은 것을 들었다. 또 행군중 목이 말라 병사들이 고통을 받으면 샘을 발견하더라도 부하들이 모두 목을 축이기 전엔 물을 마시지 않았으며, 음식을 먹을 때도 부하들에게 골고루 배급되기 전에는 음식에 손을 대지 않았다.

이처럼 부하를 아꼈기 때문에, 부하들은 마음속으로 그를 흠모하였으며 기쁜 마음으로 그의 명령에 따랐다.

이광의 동료 중에 정불식(程不識)이란 장군이 있었는데, 그도 오랫동안 흉노와 싸움을 벌였다. 그런데 이 두 사람의 흉노 토벌작전을 비교해 보면, 너무나도 대조적이다.

이광의 군대는 행군 중에도 대오나 진형(陣形)을 지키지 않았다. 이광은 호수나 풀밭이 나타나면 병졸과 말을 쉬게 하고 자유롭게 행동하게 했다. 밤에도 경계를 그리 엄하게 하지 않았다. 군무(軍務)에 관한 기록이나 장부 정리도 간소화했다. 단 척후(斥候)만은 멀리까지 보냈기 때문에 적의 기습에 의한 피해는 없었다.

한편 정불식의 군대는 군의 편성부터 대오, 진형까지 일사불란했으며, 밤에도 삼엄한 경계를 게을리 하지 않았다. 병사들의 개인 신상에 관한 기록과 보고도 엄격하여 병사들은 잠시도 긴장을 풀 수 없었다.

두 사람의 이런 차이에 관해 정불식은 이렇게 말했다.

"이광은 군율이 너무 느슨하여 적으로부터 불의의 공격을 받을 염려가 있다. 그러나 병사들은 유유하게 행동하고, 이광을 위해서라면 기꺼이 목숨을 버릴 각오를 가지고 있다. 이에 비해 우리 군대는 더없이 군율이 엄하여 아무리 공격을 받더라도 꿈쩍하지 않는다."

관리방식으로 어느 쪽이 좋은지는 간단히 우열을 가릴 수 없겠으나, 단 한 가지 분명히 말할 수 있는 것은, 병사들에게 대장을 위해 기쁘게 죽을 수 있다는 마음을 갖게 만드는 쪽은 이광이 실천한 '인'이라는 점이다.

처음에 변경지대의 사람들은, 이광과 정불식 두 사람을 두고 우열을 가릴 수 없는 명장이라고 칭찬했다. 그렇지만 흉노가 더 두려워한 것은 분명히 이광 쪽이었으며, 병사들도 정불식보다는 이광과 함께 싸우기를 원했다.

《삼국지》에 등장하는 인물 중 이광과 흡사한 리더를 찾는다면, 우선 유비를 들어야 하지 않을까? 유비도 부하나 민중에 대해 뜨거운 동정심을 지니고 있었다.

그의 성품을 말해 주는 좋은 일화가 있다.

유비가 조조의 대군단에 쫓겨, 번성(樊城)에서 강릉(江陵)을 향해 철퇴(撤退)하게 되었는데, 그를 흠모한 민중이 부대에 합류하여 어느새 그 수가 십만여에 이르렀고, 짐을 실은 마차가 수천 대로 늘어나 유비의 군대는 큰 무리를 이루게 되었다. 이렇게 되자 전진 속도가 급격히 떨어지지 않을 수가 없었다. 보다 못한 참모 한 사람이 이렇게 말했다.

"이런 상황에서 조조의 군사한테 공격을 받게 되면, 꼼짝없이 당하고 맙니다."

그러자 유비가 말했다.

"그게 무슨 소리인가. 대업(大業)을 이루려면 무엇보다 백성의 지지가 필요하다. 보라, 이토록 백성들이 나를 좋아하여 좇는데, 저들을 버리고 갈 길을 재촉해서야 되겠는가."

어쨌든 이것이 유비의 독특한 멋이다.

이런 자비로움이 어떤 일에나 꼭 유리하게 작용한다고만은 할 수 없다. 사실 그때도 유비 일행은 조조가 거느린 경기병(輕騎兵)에게 쫓겨 호되게 고생을 했던 것이다.

그러나 어찌 되었든 유비가 오랜 고난 끝에 촉나라의 땅에다 세력을 쌓을 수 있었던 것은, 그의 명석한 두뇌 때문이기도 하지만 부하들의 헌신적인 노력에 힘입은 바가 컸다.

그리고 그렇게 부하로 하여금 헌신적으로 충성하게끔 만든 것은, 바로 유비의 트레이드마크라 할 수 있는 '자애로움', 즉 '인'이었다.

긴 안목으로 판단할 때, 유비의 경우도 이 '인'이 가장 강력한 무기가 되었다고 할 수 있다.

'부인지인(婦人之仁)'을 멀리하라

'인'이라고 해서 무조건 좋은 것은 아니다. 아녀자의 어언과 같은 '인' 은 오히려 리더에게 나쁜 영향을 준다.

'인'이 무조건 좋은 것만은 아니다. 리더에게 오히려 나쁜 영향을 주는 경우도 있다.

항우(項羽)와 유방이 천하를 놓고 다툰 싸움을 중국 역사에서는 '초한전(楚漢戰)'이라 하는데, 이 싸움의 초기에는 항우 쪽이 압도적 으로 우세하여 유방은 싸우는 족족 패배함으로써 도망 다니기에 바 빴다.

그런데 1~2년의 세월이 흐르는 가운데 조금씩 형세가 역전되더니, 마침내는 유방이 대승리를 거두어 천하를 차지하게 되었다.

이처럼 유방이 역전승을 할 수 있었던 원인은 무엇이었을까. 또한 처음에 압도적 우세를 과시하던 항우가 패퇴한 것은 무슨 이유에서 일까. 양자의 승인(勝因)과 패인(敗因)을 분석할 때 제일 먼저 지적하지 않을 수 없는 것이 바로 부하를 부리는 법에서 드러난 두 사람의 교졸(巧拙)이다.

유방이 보여준 사람 부리는 법의 특징은 첫째, 자신은 아무런 의견도 제시하지 않고 오로지 부하들의 의견에 귀를 기울였다가 그중에서 좋다고 생각되는 것이 있으면 즉시 실행에 옮겼다는 점이다. 둘째, 채택된 의견을 실행에 옮겨 성공하면 틀림없이 그에 대한 대가를 지불했다는 점이다.

전쟁에는 전리품(戰利品)이 따르게 마련인데, 유방은 그것을 자신이 차지하는 법이 없었다. 기분 좋게 부하들에게 나누어 주었던 것이다. 회사에 이익이 생기면 직원들에게 두둑히 보너스를 지급하는 것이라고나 할까.

자신의 의견이 채택될 수 있으며, 나아가 성과가 좋으면 그에 합당한 대가를 받을 수 있다는 사실만큼 부하로서 좋은 일이 더 이상 어디 있겠는가. 부하들이 앞다투어 유방을 도왔던 원인은 바로 이것이었다. 역으로 말하자면, 유방은 부하의 힘을 100퍼센트 활용함으로써 강력한 라이벌인 항우를 꺾었던 것이다.

한편 항우는, 이십대의 젊은 나이에 패왕(覇王)에 올라 자신의 재

능을 과신했다. 따라서 부하의 진언에 귀를 기울이지 않고 훌륭한 인재가 있어도 등용하려 하지 않았다.

그렇다고 해서 항우가 부하들에게 '자애로움'을 베풀지 않았던 것은 아니다. 아니 어떤 의미에서는, 보통 사람보다 훨씬 깊은 이해심과 동정심을 가지고 있었다. 다만 그것을 나타내는 방법에 큰 문제가 있었던 것이다.

예를 들어, 그는 부하 가운데 누군가가 병이 들면 즉시 찾아가 자신의 음식을 나누어주는 식의 배려를 했던 것이다. 그러면서도 부하가 공훈을 세운 것에 대해서는 인색하게 이렇다 할 보답을 해주지 않았다.

한신은 항우의 이런 점에 대해 다음과 같이 비웃었다.

"그것은 소위 '아녀자들의 자비로움(婦人之仁)'에 지나지 않는다."

항우의 휘하에 있던 유능한 부하들이 하나 둘 떠나 유방에게 달려 갔던 이유는, 항우의 바로 이런 점 때문이었다. 리더의 어짊은 결코 '아녀자들의 자비로움'이어서는 안 된다는 뜻깊은 교훈이 아닐 수 없다.

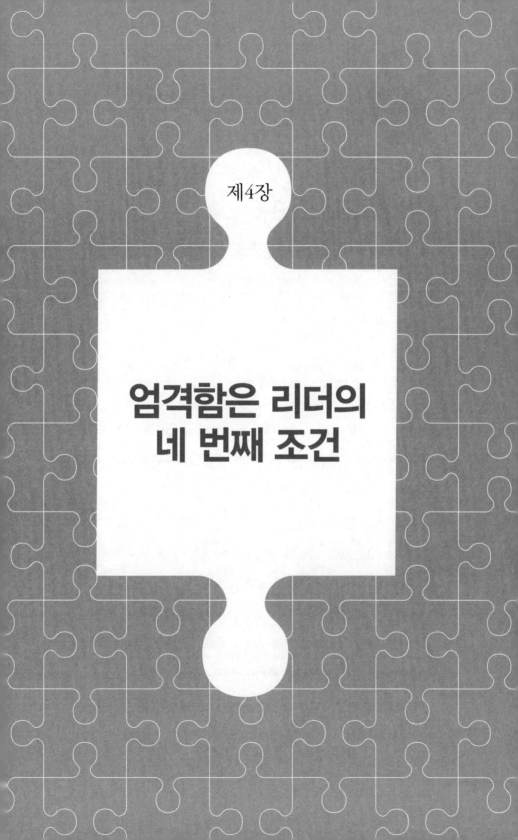

제4장

엄격함은 리더의
네 번째 조건

지나치게
관대하지 마라

나라를 다스리는 도는, 관대함과 엄격함의 중간을 취하는 것이다. 너무 관대하면 정령(政令)이 확립되지 못하고, 너무 엄격하면 백성의 손발을 묶는 결과를 초래한다.

　중국의 역대 황제 중에서 명군(明君)의 한 사람으로 손꼽히는 송(宋)의 태종(太宗)은, 치세(治世)의 요체에 관해 다음과 같이 말했다.
　"나라를 다스리는 도는, 관대함과 엄격함의 중간을 취하는 것이다. 너무 관대하면 정령(政令)이 확립되지 못하고, 너무 엄격하면 백성의 손발을 묶는 결과를 초래한다."
　관대함과 엄격함, 요컨대 부드러운 면과 사나운 면을 적절히 갖춰

조화를 이루어 나가지 않으면 안 된다는 것이다. 탁견(卓見)이라 아니할 수 없다.

이것은 치세의 요체일 뿐 아니라, 조직 관리나 부하를 다스리는 법에도 고스란히 적용될 수 있다. 지나치게 관대하면 조직에 틈이 생기고 통제가 불가능하게 된다. 이런 사태를 막으려면 엄격함으로 균형을 잡지 않으면 안 된다.

《손자》에 장수된 자의 조건으로서 '어짊〔仁〕'과 함께 이 '엄격함〔嚴〕'이 들어 있는 것도 이런 이유에서일 것이다. 《손자》의 저자로 알려진 손무 자신도 '엄격함'을 더없이 중시했다.

손무는 춘추시대(春秋時代) 오나라의 왕인 합려(闔閭)에게 출사하여 그의 패업(覇業)에 공헌했는데, 손무에 대한 전기는 《사기》에 기록되어 있는 것뿐으로 상세한 것은 전해지지 않고 있다. 한편 《사기》에 소개되어 있는 것도 매우 간략한 것으로, 여자들로 구성된 부대를 열병(閱兵)한 일화를 기록하고 있을 뿐이다.

《사기》에 의하면, 손무가 합려를 처음 만났을 때 합려는 이렇게 말했다고 한다.

"그대가 지은 병법서 13편을 다 읽었다. 시험 삼아 군대 부리는 법을 한 번 보여줄 수 있겠는가?"

"영광입니다."

"여자들이어도 괜찮겠는가?"

"좋습니다."

이리하여 손무는 궁중의 미녀 180명을 모아 훈련시키게 되었다. 손무는 우선 무리를 둘로 나눈 다음, 왕이 특별히 좋아하는 여자 둘을 각각의 대장으로 삼았다. 그리고 모두에게 창을 들게 한 다음 이렇게 말했다.

"그럼 시작하겠다! 자신의 가슴, 왼손, 오른손, 등이 어디에 있는지 알 수 있겠지?"

"예."

궁녀들이 일제히 대답했다.

"그러면 '앞'이라고 말하면 가슴을 보아라. 그리고 '왼쪽'이라고 하면 왼손을, '오른쪽'이라고 하면 오른손을 '뒤'라고 말하면 등 쪽을 바라보도록 하라, 알겠느냐?"

"예."

손무는 형벌용(刑罰用) 큰 도끼를 움켜쥐고, 전원이 알아들을 수 있도록 두 번 세 번 설명을 되풀이했다.

그런데 막상 큰북을 울리고 '오른쪽'이라고 명령했는데도, 여자들은 방글방글 웃기만 할 뿐 아무 동작도 취하지 않았다.

"호령을 하면 어떻게 해야 되는지 모르는 것 같구나. 이는 내 잘못이다."

손무는 전과 같이 호령을 하면 어떻게 해야 되는지 몇 번이고 되풀이하여 설명했다. 그런 다음 다시 큰북을 힘껏 치고, '왼쪽!' 하고 명령했다.

그러나 이번에도 여자들은 방글방글 웃기만 할 뿐 꼼짝하지 않았다. 화가 난 손무는 조용히 여자들 앞으로 다가선 다음 이렇게 말했다.

"아까는 나의 실수였지만, 지금은 그렇지 않다. 호령이 내려지면 어떻게 해야 한다는 것을 너희들은 잘 알고 있다. 그런데도 움직이지 않는 것은 대장의 책임이다."

그리고는 큰 도끼를 움켜쥐고 두 여자 앞으로 다가갔다. 그때 단상에서 관람하던 오왕(吳王)은 깜짝 놀라 급히 전령을 보냈다.

"병사를 훈련시키는 훌륭한 솜씨를 잘 보았다. 저 두 여자가 없으면 나는 음식을 먹어도 맛을 느낄 수 없다. 죽이지 마라."

그러나 손무는 완강했다.

"이 부대의 대장은 저입니다. 대장이 군무(軍務)에 종사할 때는 비록 군명(君命)이라 할지라도 받지 않을 수 있습니다."

그리고는 두 여자의 목을 베어버리고, 다른 두 여자를 그들의 후임자로 임명했다.

손무가 다시 북을 치고 호령하자, 여자들은 그의 호령에 따라 좌, 우, 전, 후, 엎드리고 뒤로 눕고 하며 일사불란하게 움직였다.

손무는 왕에게 전령을 보내어 다음과 같이 보고했다.

"병사들의 훈련이 끝났습니다. 이곳에 오셔서 시험해 보시기 바랍니다. 왕께서 명을 내리시면 저들은 불속이건 물속이건 가리지 않고 뛰어들 것입니다."

이렇게 하여 손무는 용병의 재능을 인정받아 오나라의 장군으로 부름을 받게 되었다. 장수 되는 자의 위령(威令)을 관철하려면, 경우에 따라서는 이 정도의 가혹함도 필요한 법이다. 따뜻한 동정으로 부하를 대하는 것만으로는 조직을 통제할 수 없기 때문이다.

엄격함과 어짊을 구별하여 적절히 사용하라

윗사람이 너그럽기 때문에 사랑받는다면, 그 사랑은 단번에 식어버릴 수 있다. 윗사람이 엄격하기 때문에 아랫사람들이 두려워한다면, 그 두려움은 윗사람의 힘이 미치지 못하는 곳에서는 사라져버린다.

— 소식(蘇軾)

손무의 행동이 나름대로 일리가 있다 하더라도 너무 가혹한 방법이었음엔 틀림없다. 이러한 '엄격함'이 지나치면 자칫 부하들을 위축시키든가, 아니면 반발을 불러일으켜 도저히 부하들을 심복(心腹)시킬 수 없게 된다.

송대(宋代)의 정치가이자 대문호(大文豪)인 소식(蘇軾)은 이 점에 대해 다음과 같이 말했다.

"윗사람이 너그럽기 때문에 사랑받는다면, 그 사랑은 단번에 식어버릴 수 있다. 윗사람이 엄격하기 때문에 아랫사람들이 두려워한다면, 그 두려움은 윗사람의 힘이 미치지 못하는 곳에서는 사라져버린다."

엄격함으로 사람을 부리려 하면 그 장소에서만 효력이 있다는 뜻이다. 이것은 어떤 사람을 부리든 간에 적용되는 말로서, 즉 '엄격함'만이 아니라 '어짊'도 함께 나타내어야만 사람을 잘 다룰 수 있다는 뜻이다.

엄격함과 너그러움을 구분하여 적절히 사용한 예를 잘 보여주는 것이, 사마양저(司馬穰苴)라는 장군의 일화이다.

제나라 장군이었던 사마양저는 손무와 거의 같은 시대 사람이다. 오늘날 《사마법(司馬法)》이란 병법서가 남아 있는데, 이것은 사마양저의 병법론을 모아 엮은 책이라고 한다.

양저가 장군에 임명되었을 때, 참모로 국왕의 총신(寵臣)인 장가(莊賈)가 임명되었다. 두 사람은 궁중에서 출진 의식을 가진 다음, 다음날 정오에 군문(軍門)에서 만나기로 약속했다.

그런데 다음날, 약속한 시각이 되었는데도 장가는 모습을 드러내지 않았다. 할 수 없이 양저는 혼자서 전군을 열병하고 군령을 시달했다. 그러다 보니 거의 저녁때가 다 되었는데, 그제야 장가가 모습을 드러냈다.

"죄송합니다. 중신과 친척들이 전송해 주는 바람에 늦었습니다."

평소부터 장가는 왕의 총애를 믿고 사람들을 낮추어 보았으며, 이번에도 양저를 대수롭지 않게 생각했다. 그래서 전송을 나온 친척, 측근들과 어울려 술타령을 벌이다 늦게서야 어슬렁거리며 나타났던 것이다.

양저는 자초지종을 알고 있는 터라, 즉시 군법관(軍法官)을 불러 물었다.

"군법에는, 약속 시간에 늦은 자는 어떤 벌을 받아야 한다고 되어 있는가?"

"예, 목을 베라고 되어 있습니다."

장가는 깜짝 놀라, 급히 왕에게 사람을 보내어 구명(救命)을 청했다. 그렇지만 사자(使者)가 돌아오기 전에 양저는 장가의 목을 베고, 그 뜻을 전군에 포고했다. 장병들은 모두들 양저의 엄함에 몸을 떨었다.

사마양저는 이처럼 엄격한 태도로 군령을 관철하는 한편, 출진했을 때는 병졸들의 잠자리, 음식 등의 시중을 비롯하여 병든 병사들에 대한 간호까지 솔선했다. 또 급여를 받으면 병졸들의 먹을 것을 구입했으며, 자신은 병졸 가운데서도 가장 허약한 병졸과 같은 양의 식량을 배급받았다.

이처럼 사마양저는 '엄격함'과 '어짊'을 구별하여 적절히 사용할 줄 알았다. 그 결과 병든 병사들까지도 출전을 희망하고, 전투에선 양저를 위해 용전분투했다.

울면서
마속(馬謖)을 베다

공명이 두려운 존재이면서도 존경과 사랑을 한 몸에 받을 수 있었던 비결은, '엄격함'과 '자비로움'을 적절히 조화시킬 줄 알았기 때문이다.

《삼국지》하면 제일 먼저 생각나는 제갈공명도 매우 엄격한 자세로 국정에 임하고, 부하를 대하는 것으로 유명했다. 그 좋은 예가 울면서 마속을 벤 고사(故事)이다.

공명은 첫 번째 북정에 나섰을 때, 평소 눈여겨보아 두었던 마속이란 젊은 참모를 선발군 지휘관에 기용했다. 마속은 군사작전에 관해 즐겨 논했다고 평가될 만큼 군략(軍略)에 관해서는 대단한 이론가로 장래가 촉망되는 젊은이였는데, 유감스럽게도 실전 경험이 부족했다. 공명도 그 점을 걱정하여 세세한 부분까지 지시를 했을 뿐 아니라, 부장(副將)으로 노련한 장수를 붙여주었다.

그런데 마속은 적군과 마주치자, 부장의 진언에 귀를 기울이기는커녕 공명의 지시까지도 무시하다 참패를 당하고 말았다. 당연한 일로서, 전후(戰後) 그에 대한 책임 문제가 거론되었고, 공명은 그를 벨 수밖에 없었다.

그로부터 얼마 후, 수도인 성도(成都)에서 중신(重臣) 한 사람이 진중으로 공명을 찾아왔다. 그는 공명의 처사가 너무나도 가혹하다고 생각했다.

"천하가 아직도 어지럽기 짝이 없는데, 한 번의 실수 때문에 지모(智謀)가 뛰어난 인재를 죽인 것은 너무 애석한 일이 아닐까요?"

그러자 공명은 이렇게 대답했다.

"손무가 천하에 무위(武威)를 과시할 수 있었던 것은, 군법을 엄격하게 적용했기 때문이 아니겠는가. 천하는 분열되고 풍운이 감돌고 있는 이때, 조금이라도 군법을 느슨히 적용한다면 어떻게 역적을 토벌할 수 있겠는가."

이 말 속에는 리더로서 공명의 자세가 유감없이 드러나 있다.

공명이 이렇게 가혹한 태도로 대한 것은 마속뿐이 아니었다. 전 국민에 대해서도 마찬가지였다. 그런 경우, 일반적으로 사람들은 두려워하는 것이 보통이리라. 그런데 공명의 경우에는 '나라 안의 모든 사람이 그를 두려워하면서도 사랑했다.'는 평을 받았다.

"너그러우나 두려움을 느끼게 만들고, 엄격한 가운데서도 사랑받아야 한다. 그러나 그것은 지극히 어려운 일이다."

소식의 이 말처럼, 이는 아무나 할 수 있는 일이 아니다. 그런데 공명은 그 어려운 일을 해냈던 것이다.

그렇다면 어떻게 그것이 가능했을까.

첫째, 공명은 가혹하게 법을 적용하면서 조금도 편애하는 일 없이 공평무사한 태도를 관철했다. 둘째, 그는 엄격하면서도 한편으로는 '인', 즉 자비로움을 베풀었다. 예를 들면 군법에 의해 단호히 마속의 목을 베었지만, 유족들에게는 전과 다름없는 대우를 보장해 주었던 것이다.

공명이 두려운 존재이면서도 존경과 사랑을 한 몸에 받을 수 있었던 비결은 바로 이러한 점 때문이었으리라.

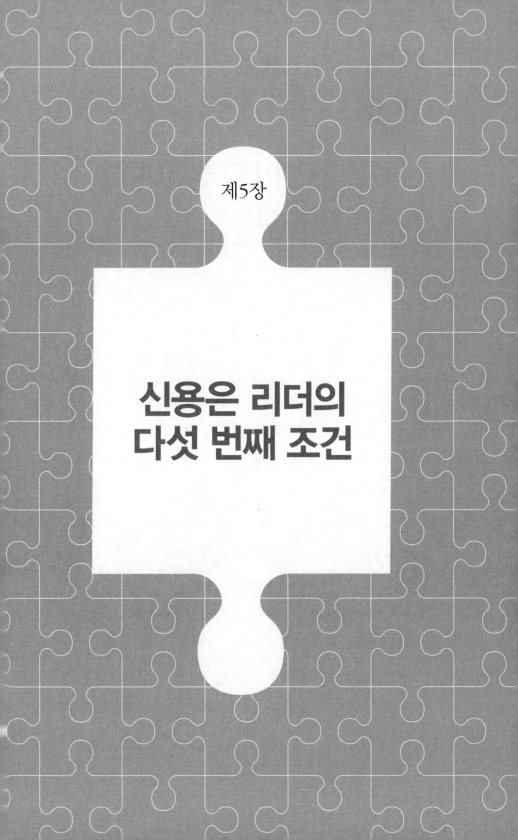

제5장

신용은 리더의
다섯 번째 조건

신용은 인간이 갖추어야 할 최소한의 조건

'신(信)'의 본디 의미는 약속을 지킨다는 뜻이다. '신'은 인간이라면 누구나 지녀야 할 덕목이며, '신'이 없으면 인간으로서 자격이 없다고 해도 과언이 아니다.

《손자》에는, 장수된 자가 갖춰야 할 다섯 번째 조건은 바로 '신용'이라 했다. '신'의 본디 의미는 약속을 지킨다는 뜻이다. 그리고 이것은 장수된 자의 조건일 뿐 아니라, 인간이라면 누구나 지녀야 할 덕목이기도 하다. 공자는 이렇게 말했다.

"사람으로서 언행에 믿음이 없으면 무슨 일을 할지 알 수 없다." ―《논어》

요컨대 신용이 없으면 결코 성실한 인간으로 생각할 수 없다는 것이다. 역시 《논어》에, 선비되는 자의 조건에 관한 공자와 자공의 유명한 대화가 실려 있다.

어느 날 제자인 자공이 공자에게 선비된 자의 조건에 대해 물었을 때, 공자가 첫 번째로 든 것은, '자신의 행동에 책임을 지고, 외국에 나가서는 자기 나라 임금을 욕되게 하지 않는 것'이었다.

외국에 나가 자기 나라 임금을 욕되게 하지 않으려면, 중국 고전의 특징인 '응대사령(應對辭令)'을 숙달하지 않으면 안 된다. 즉 조직의 일원으로 일할 경우, 자신이 몸담고 있는 조직의 명예를 더럽히지 않으려는 마음가짐으로 일하는 것이, 공자가 이야기한 선비된 자의 첫째 조건이다.

그 다음 조건으로는 어떤 것을 들 수 있느냐는 자공의 질문에, '어버이에게 효행할 것'이라고 대답한 공자는, 그것보다 좀더 낮은 수준의 조건이 있다면 어떤 것이냐는 질문에는, '한번 입 밖에 낸 말을 번복하는 일이 없고, 행동으로 옮기면 꼭 목적을 완수한다. 이것은 융통성 없는 소인도 갖춰야 할 조건인데, 그래도 선비된 자가 갖출 가장 낮은 수준의 조건이라면 이것을 들어야 할 것이다.'라고 대답했다.

여기에서 비로소 '신─위의 대화에서는 번복하는 일이 없는 것을 가리킨다.─'이 나오는 것이다. 약속한 것을 번복하는 일이 없는 것은 융통성 없는 소인배한테서 자주 볼 수 있는 일인데, 이런 점은 선

비들이 갖추어도 괜찮다는 말이다.

요컨대 '신'이란 선비된 자, 즉 지도자가 갖추어야 할 최소한의 조건에 지나지 않는다는 것이다. 그것은 또한 '신'이 없으면 인간으로서 자격이 없다고 해도 좋다는 뜻이리라.

그런데 우리들 자신의 문제를 놓고 보더라도, '신'을 지킨다는 것은 결코 쉬운 일이 아니다. 친구나 동료들에게 경솔하게 약속을 남발했다가 지키지 못하는 일이 우리 주변에는 얼마나 많은가.

'신'을 지키는 것은 인간이기 위한 최소한의 조건이며, 그러기 위해서는 경솔하게 약속하는 것을 삼가지 않으면 안 된다.

신용이
부하를 통솔한다

거짓말을 일삼는 장수를 믿고 따를 부하가 이 세상 어디에 있겠는가.

《손자》는 어찌하여 이 '신'을 장수된 자의 조건에 넣었을까. 그것은 '신'이 부하에 대한 통솔력에 지대한 영향을 주기 때문이다.

'신'이 없다는 것은 태연스럽게 거짓말을 한다는 뜻이다. 약속한 것은 반드시 지키는 것, 즉 '신'이 있어야만이 부하들을 심복(心腹)시킬 수 있다. 거짓말을 일삼는 장수를 믿고 따를 부하가 이 세상 어디에 있겠는가.

예로부터 '신'으로써 부하들을 통솔하는 데 성공한 리더가 적지않다. 예를 들면 진(晉)의 문후(文侯)도 그런 사람 가운데 하나이다.

문후는 '춘추오패(春秋五覇)', 즉 춘추시대에 출현한 다섯 명의 패자(覇者) 중 한 사람이다. 그는 중국의 제일인자로서 군림했던 만큼, 부하들의 마음을 사로잡기 위해 각별히 신경을 썼다.

그가 원(原)나라를 포위했을 때의 일이다. 그는 부하들에게 사흘 만에 공략하지 못하면 포위망을 풀고 군대를 철수시키겠다고 약속했다. 그런데 사흘이 지나도 원이 항복하지 않자 문후는 약속대로 철군한다고 포고했다. 바로 그때 정보원 하나가 급히 들어오더니 말했다.

"머지않아 적은 항복할 것입니다."

참모 하나가 이 소리를 듣고 문후에게 진언했다.

"좀더 상황을 지켜보는 게 어떻겠습니까?"

그러나 '신'을 잃으면 부하를 심복시킬 수 없다는 것을 잘 알고 있었던 문후는 다음과 같이 말했다.

"신용은 나라의 보배이다. 백성이 의지하는 것이다. 원나라를 얻더라도 신용을 잃는다면, 백성들은 무엇을 의지해야 하느냐. 잃는 것이 더 많다."

문후의 이야기는 약간 극단적인 예여서 현실성이 부족하다고 느낄 수도 있다. 그렇게 느끼는 사람들에게는, 다음 위(魏)나라 문후(文侯)의 이야기가 참고가 될 것이다.

위나라는 전국시대 초기 문후가 다스리면서부터 두각을 나타내어 당시 최강의 나라로 부각되었다. 자신의 일대에 그런 일을 성취할 만큼 걸출한 인물인 그에게는 다음과 같은 일화가 전해져 온다.

어느 날 문후는 사냥을 할 테니 미리 준비해 두라고 사냥터를 관리하는 사람에게 명을 내렸다.

그런데 사냥을 하기로 한 날, 그는 아침부터 측근들과 술을 마시게 되었다. 얼큰히 취한 그는 기분이 매우 좋았다. 또 때마침 비도 내렸다. 그런데도 문후는 사냥터에 가겠다고 말했다. 그러자 그를 모시고 있던 자가 '이곳에서도 이렇게 즐거우신데, 굳이 사냥을 가셔야 하겠습니까? 더욱이 비까지 내리고 있습니다.'라며 외출하지 말 것을 진언했다.

그러자 문후는 '사냥터를 관리하는 자에게 오늘 사냥을 가겠으니 준비해 두라고 했네. 아무리 어려운 사정이 있더라도 약속은 반드시 지켜야 하지 않겠는가.'라고 말하고는, 사냥터에 가서 그곳 사람을 불러 이렇게 사죄했다.

"미안하네만 오늘은 비가 와서 사냥을 취소했으면 하네."

위나라의 문후도 부하들에게 '신'으로써 대했던 것이다. 위나라가 문후 일대에 그토록 강국이 될 수 있었던 것은, 그의 이러한 태도에 힘입은 바 크다 하겠다.

자신을
혹독하게 다루어라

아랫사람에게는 가혹하면서 자신에게는 관대하다면 아랫사람을 심복시킬 수 없다. 무엇보다 자신에게 엄격해야만이 아랫사람으로부터 '신'을 얻을 수 있다.

제갈공명은 앞의 예에서도 알 수 있듯이, 신상필벌(信賞必罰)의 엄격한 태도로 부하들을 대했다. 또한 그는 '신'을 더없이 중시했던 인물이기도 하다.

이러한 이야기가 있다.

공명이 기산(祁山)에서 사마중달의 군대를 맞아 싸울 때였다. 공명은 요해처에 군을 배치하고, 열 명 중 두 명은 휴식을 취할 수 있도록 교대로 귀국케 하여 늘 8만의 병력을 유지하며 방어를 굳게 하고 있었다.

그런데 적군도 진을 치고 맞서 소규모 단위로 전투가 벌어지자, 공명의 참모들은 적잖이 불안해졌다.

"적군은 의외로 만만치 않습니다. 지금의 병력으로는 승산이 없으니, 다음 번 휴가는 한 달 후에 주기로 하시지요. 병력을 확보할 필요가 있습니다."

그러나 공명의 생각은 달랐다.

"나는 군을 통솔할 때엔 '약속한 것은 반드시 지킨다'는 것을 지휘 방침'으로 삼고 있다. 뱃사람도 설혹 원나라를 얻더라도 신용을 잃으면 아무 소용이 없다고 했다. 휴가 보낼 사람은 모두 제 날짜에 틀림없이 보내도록 하라. 또 가족들이 그들을 맞을 수 있도록 미리 연락을 취하라. 곤란한 정황에 직면했다고는 하지만, 한 번 약속한 것은 지키지 않으면 안 된다."

그러고는 교체 병력 전원은 예정대로 귀국시키라고 명령했다.

이 이야기가 전해지자, 모든 병사들은 감격하여 휴가를 미루고 싸우기를 청했다. 남은 병사들도 모두 적들에 대한 분노를 불태우며 결의를 다졌다.

"명령만 내리십시오. 필사적으로 싸워 제갈공의 은혜에 보답하겠습니다."

그토록 병사들을 분발시킬 수 있었던 것은, 공명이 병사들과 한 약속을 틀림없이 지켰기 때문이다. 즉 '신'을 중시했기 때문이다.

한편 《삼국지》에 나오는 인물 중 권모술수에 능한 위나라의 조조는 '신'과는 전혀 인연이 없는 인물처럼 보이지만, 그도 부하를 통솔하는 데 '신'이 더없이 중요하다는 사실을 잘 알고 있었다. 그가 '신'을 어느 정도 중히 여겼는지를 엿볼 수 있는 일화 하나가 있다.

어느 날 조조가 군대를 이끌고 행군하고 있는데, 넓은 보리밭이 눈앞에 나타났다. 조조는 명을 내렸다.

"보리밭을 망치지 마라. 위반하는 자는 가차없이 목을 베겠다!"

기병들은 모두 말에서 내려 보리를 손으로 헤치면서 진군했다.

그런데 느닷없이 조조의 말이 보리밭 속으로 뛰어드는 것이 아닌가. 조조는 군리(軍吏)를 불러 물었다.

"이것은 어느 정도의 죄인가?"

군리가 대답했다.

"《춘추(春秋)》에 의하면, 어떤 죄이건 총사령관에는 미치지 않는 것으로 되어 있습니다."

"아니다. 법을 정한 사람이 법을 깨뜨리는 것은 본보기가 되지 못한다. 그렇다고 나를 베면 통솔자가 없게 된다. 이렇게 하도록 하자."

그러더니 조조는 검을 빼들고 자신의 머리카락을 싹둑 잘라 땅에 뿌리는 것이었다. 이처럼 조조는 군령을 관철시키는 데에는 더없이 철저했다.

부하에게는 가혹하면서 자신에게는 그렇지 못하면 부하를 심복시킬 수 없다. 무엇보다 자신에게 엄격함으로써 부하에게도 위령(威令)을 관철시킬 수 있는 것이다.

이 이야기는 어딘지 모르게 가식적인 구석이 있는 듯하지만, 조조는 자신의 머리카락을 잘라냄으로써 부하들로부터 '신'을 샀던 것이다. 그렇게까지 하여 부하의 마음을 장악하려 했던 조조의 태도, 현대의 리더들도 배워야 하지 않을까.

제6장

인간적인
매력을 길러라

인간적 매력이란?

인간적인 매력이란, 용기·지혜·어짊·엄격함·신용의 5가지 조건이 총합되어 이루어진 것이다. 그리고 이 5가지 조건 외에도 인간적 매력을 구성하는 요소는 적지않다.

　최근에는 '인간적 매력'이라는 말을 자주 듣게 되는데, 이야말로 리더가 갖추지 않으면 안 될 조건이다. 왜냐하면 이것이 없으면 부하를 심복시킬 수 없고, 따라서 리더로서 통솔력을 발휘할 수 없기 때문이다.

　그렇다면 인간적 매력이란 과연 어떤 것을 말하는가.

　이는 매우 막연하여 딱히 무엇이라고 단정 지을 수는 없지만, 우선

2가지 점을 지적하지 않을 수 없다.

첫째, 지금까지 《손자》에는 장수된 자의 조건, 즉 용기·지혜·어짊·엄격함·신용에 관하여 소개했는데, 인간적 매력이란 이 5가지 조건이 총합되어 이루어지는 것이라는 점이다.

그런데 인간이라면 누구나 특기가 있는가 하면 매우 서툰 점도 있고, 좋은 점이 있는가 하면 결점도 있게 마련이다. 어떤 사람은 다른 요소는 갖추고 있지 못한데 '인'을 구현하는 데는 누구보다도 철저하고, 또 어떤 사람은 '용'에 대해서만은 자신만만한 경우도 있다.

요컨대 《손자》에서 든 5가지 조건을 모두 갖추는 것이 리더로서 가장 바람직하지만, 이는 현실적으로 매우 어려운 일이다. 즉 어떤 리더라도 약점 한두 가지는 지니고 있게 마련인 것이다.

따라서 인간적 매력이란 사람마다 다르며, 더없이 개성적인 것임을 지적하지 않을 수 없다.

둘째, 이 5가지 조건 외에도 인간적 매력을 구성하는 요소가 적지 않다는 점이다. 이제부터 이것들에 대하여 알아보기로 하자.

리더가 갖추어야 할
인간적 매력 2가지 요소

늘 큰 그릇답게 행동하라. 기쁨, 노여움 등의 감정을 드러내지 마라.

늘 큰 그릇답게 행동하라

우선 리더에게 요망되는 인간적 매력은 '도량(度量)'과 밀접한 관계가 있다.

예를 들어 사마천(司馬遷)은 《사기》에서 유방의 인간상을 이렇게 그렸다.

"인(仁)하여 사람들을 사랑하고 베풀어주기를 좋아하며, 뜻이 크고 도량이 넓었다."

기분에 치우쳐 곰살궂게 굴지 않고, 늘 느긋하게 마음을 썼다는 것이다. 구체적으로 말하자면, 유방은 부하들에게 자신의 의견을 강요하지 않고 의견에 즐겨 귀기울이는 유형의 리더였다. 또 전리품이 생기면 모두 부하들에게 나누어 주었다.

다음 장에서 상세하게 설명하겠지만, 유방은 장량(張良)·소하(蕭何)·한신 세 사람의 걸출한 인물을 부렸는데, 이는 유방의 사람된 그릇이 컸기 때문에 가능했다.

유비 역시 불가사의한 매력을 지닌 인물이다. 그는 삼국 격동의 시대에 거의 벌거숭이 상태로 군웅이 할거하는 속으로 뛰어들었으며, 더욱이 사람들로부터 '유비는 병법이라고는 통 모른다.'고 혹평받을 만큼 전쟁과는 거리가 멀었다. 따라서 그의 인생이 전반부는 부침(浮沈)의 연속이었고, 50세가 되어서도 가능성이 보이지 않았다.

그러나 그런 그가, 만년에는 촉 땅에서 자립할 수 있는 세력을 쌓는 데에 성공했다. 물론 유비 자신의 피나는 노력도 무시할 수 없지만, 그보다는 유능한 부하들의 분투에 힘입은 바 컸다. 관우(關羽), 장비(張飛), 공명 등의 부하들이 유비를 위해서라면 신명을 바쳐 분골쇄신(粉骨碎身)했던 것이다.

역으로 말하자면, 유비에게는 부하의 분골쇄신을 이끌어내는 인간적 매력이 있었다고 할 수 있다. 그 매력을 《삼국지》의 저자인 진수(陳壽)는 이렇게 분석했다.

"선주(先主:유비)는 홍의관후(弘毅寬厚), 사람을 알아보고 선비를 대접함이 고조(高祖:유방)의 풍모를 닮았다."

홍의관후란 넓은 견식과 강한 의지, 그리고 포용력을 지녔다는 뜻으로서, 사람된 그릇이 매우 크다는 말이다.

사실 유비는 부하들을 깊은 사려와 두터운 믿음으로 대했다. 또한 능력이 있는 부하한테는 말할 것도 없고, 능력이 부족한 부하한테도 신뢰감을 주었다. 그 결과 유비의 부하들은 능력이 있는 자이건 없는 자이건, 각자 맡은 일에서는 유비를 위해 최선을 다했다. 부하를 그렇게 만든 것은, 바로 '홍의관후'하다고 칭찬받는 유비의 인간적 매력이었고, 그것이 바로 부하들로 하여금 '이분을 위해서라면…' 하고 생각하게 만드는 원천이 되었던 것이다.

한편 유비의 라이벌이었던 조조는, 부하를 부리는 방법에서 유비와는 대조적이었다. 그는 어디까지나 능력 본위로 부하를 다스렸다. 능력만 있으면 누구든지 요직에 발탁했으나, 반대로 능력이 없는 사람은 가문이나 전력(前歷)이 아무리 훌륭하더라도 인정 사정 없이 쫓아버렸다. 그 결과 조조의 막하에는 유능한 인재만이 남게 되었다.

그러나 이러한 방법만을 고집하다 보면, 능력이 뒤져 쓸모없게 된 사람들의 원망을 살 염려가 있으므로 유의하지 않으면 안 된다.

기쁨, 노여움 등의 감정을 드러내지 마라

도량이나 그릇과 관계되는 것으로, 리더가 갖추어야 할 조건 중 결코 무시할 수 없는 것이 '풍도(風度)'이다.

    풍도란 풍격·풍채·풍모 등의 말에서 연상되는 것처럼, 주위 사람들
이 보았을 때의 느낌을 뜻하는 말이다. 구체적으로 말하자면 '~답다'
라는 말과 통하는 말이다. 요컨대 리더에게는 리더로서의 풍모가 필
요하다는 것이 중국인의 인식이다.

    풍도 중에서도 리더된 자가 반드시 갖춰야 할 것이, '기쁨과 슬픔
등의 감정을 드러내지 않는 마음가짐'이다.

    두말 할 필요 없이 조직에서는 언제 위기가 닥칠지 알 수 없다. 위
기가 닥쳤다 하여 리더가 놀라거나 동요하게 되면, 부하들의 사기에
영향이 미치게 된다.

부하는 리더의 낯빛을 살피면서 행동하기 때문에, 리더가 자신 없는 표정을 짓고 있으면 그 불안함은 고스란히 부하에게 전달된다. 그렇게 되면 조직은 힘을 발휘할 수 없게 되어 이내 와해되고 만다.

리더는 희로애락(喜怒哀樂)의 감정을 드러내어 부하에게 속마음을 간파당해서는 안 된다. 또한 언제나 침착 냉정하지 않으면 안 된다. 이러한 사실을 가르쳐주는 것이 '기쁨, 노여움 등의 감정을 드러내지 마라.'는 말이다.

유명한 일화 하나를 소개하겠다.

동진(東晉)시대에 사안(謝安)이라는 재상이 있었다. 북쪽에 있는 전진(前秦)이 백만 대군으로 쳐들어왔을 때, 사안은 조카인 사현(謝玄)을 총사령관에 임명하고 전진의 대군을 맞아 싸우도록 했다. 동진의 군사는 겨우 수만에 지나지 않았다.

동진의 수도인 건강(建康) 사람들은 당장이라도 적이 쳐들어오지나 않을까 걱정하여 일도 못하고, 아예 집을 버리고 피난 가는 사람들도 있었다.

그러나 그런 가운데서도 재상인 사안만은 유유하게 준비하고 있었다. 사현이 재상 관저에 작전 지시를 받으러 갔을 때도, '만반의 준비가 되어 있으니 염려하지 말라.'고만 할 뿐 사현을 상대하려고도 하지 않았다.

그날 밤 부관을 보내 다시 작전 지시를 받게 했을 때도, 사안은 별장에서 파티를 열고 있었다. 그래서 사현은 별장까지 찾아갔는데,

사안은 바둑만 둘 뿐 작전에 대해서는 일절 언급하지 않았다. 사현은 그런 사안의 태도에 안심이 되어 자신감이 생겼다.

그러나 사안으로서는 확실한 자신이 있었던 것은 아니다. 그저 여유 있는 태도를 연출함으로써 주위 사람들의 불안감을 진정시켰던 것뿐이었다.

위기를 맞고서도 흔들리지 않는 이러한 사안의 냉정한 태도가 효과를 발휘했던지, 전선에 나선 사현은 멋지게 전진의 대군을 격파했다. 이 전투는 '비수(肥水)의 싸움'이라 하여, 적은 병력으로 대군을 격파한 예로서 중국의 전사(戰史)에서도 유명한 싸움이다.

승전보는 곧 건강의 재상 관저에 전해졌다. 그때도 사안은 손님과 바둑을 두고 있었다 하니, 그는 어지간히 바둑을 좋아했던 듯하다.

그런데 승리를 알리는 서신을 받은 사안은 눈으로 한 번 훑어볼 뿐 그대로 책상 위에 던져놓더니, 아무 일도 아니라는 듯이 손님과 계속 바둑을 두었다. 그러자 급히 전령이 달려와 알린 보고인 만큼 상당히 중요한 내용일 것이라고 생각한 손님 편에서 은근히 걱정이 되어 물었다.

"대체 무슨 일입니까?"

사안은 그제야 생각난 듯이 이렇게 대답했다.

"응, 아무것도 아냐. 조카 녀석이 적을 혼내주었다고 기뻐서 사람을 보냈어."

이처럼 위기에 직면해서도 흔들리지 않는 태도, 사안이 명재상이라고 칭송받는 이유가 여기에 있다.

도량이나 인간으로서의 그릇은 선천적인 요인에 지배되는 부분이 크지만, '기쁨 또는 노여움 등의 감정을 드러내지 않는 마음가짐'은 어느 정도 후천적인 노력에 의해 실현할 수 있다.

난세를 헤쳐 나가야 할 지도자라면 이를 위해 마땅히 애쓰지 않으면 안 될 것이다.

제7장

유방으로부터 배운다

걸물(傑物)을
마음대로 부려라

한갓 농민에 지나지 않았던 유방이 천하를 얻을 수 있었던 것은
장량, 소하, 한신이라는 걸출한 인물을 제대로 부릴 줄 알았기 때
문이다.

역사 이래 오로지 한 가계(家系)의 왕조를 지켜온 일본과는 달리,
중국은 '역성혁명(易姓革命)'의 나라여서 어제의 거지가 내일에 얼마
든지 황제가 될 수 있는 사회였다. 그러나 실제로 그렇게 된 예는 많
지 않다. 오직 한(漢)나라를 세운 유방과 명(明)나라를 세운 주원장
(朱元璋) 두 사람만이 예외적인 경우이다.

이 두 사람은 모두 이름도 없는 농민의 자식이었다. 유방은 패현(沛

縣)의 농민 출신으로 아버지를 태공(太公), 어머니를 유온(乳媼)이라 했다. '태공'이니 '유온'이니 하는 것은 모두 유씨(劉氏)의 조상이란 뜻으로 고유명사는 아니다. 문자 그대로 이름도 없는 서민 출신인 것이다. 청년으로 성장한 유방은 자신에게 주어진 농민의 일을 멀리하고 유협(遊俠)의 무리와 깊은 교제를 가졌다. 활달하고 늘 마음 쓰는 것이 컸던 그는 유협의 무리와 어울린 지 얼마 아니되어 그들의 우무머리가 되었다. 유방은 서른 살 때 사수(泗水)의 정장(亭長)이 되었는데, 정장이란 한 고을의 경찰서장쯤 되는 자리였다. 그런데 그는 그때부터 술과 여자에 빠지기 시작했다. 일은 내팽개치고 술집에 드나들며 외상으로 술을 마셨다.

그러던 어느 해, 노역(勞役)을 감독하는 임무를 띠고 수도인 함양(咸陽)에 간 그는 처음으로 시황제(始皇帝)의 행렬을 보게 되었다.

"아아, 사내로 태어났다면 최소한 저 정도는 되어야지."

유방은 크게 탄식하며 혼자 중얼거렸다.

그러나 이것은 어디까지나 주관적인 원망(願望)에 지나지 않았다. 왜냐하면 당시 유방에게는 천하를 차지하겠다는 야심 따위 전연 없었기 때문이다. 이런 남자가 그로부터 얼마 아니 되어 봉기군(蜂起軍)의 지도자가 되어 항우와의 사투에서 승리하고, 마침내는 천하를 차지했던 것이다. 그렇다면 대체 그 원인은 어디에 있을까?

유방은 항우를 멸한 다음, 낙양(洛陽)의 남궁(南宮)에서 축하연을 열고는 여러 제후와 장수를 모아놓고 이렇게 물었다.

"그럼, 생각하고 있는 것을 숨기지 않고 이야기하기 바란다. 내가 천하를 차지하게 된 이유는 무엇인가?"

고기(高起)와 왕릉(王陵) 두 사람이 나서서 말했다.

"폐하께서는 신하들을 패기 있게 다스린 반면, 항우는 정에 약해 신하를 가엾게 여겼습니다. 또한 폐하께서는 도성이나 영토를 공략하시면 기분 좋게 그 땅을 신하들에게 나누어주시고, 결코 혼자 차지하지 않으셨습니다. 그러나 항우는 그렇지 않았습니다. 정에 약한 반면 질투심과 의심이 많아, 능력이 뛰어난 사람이 있으면 오히려 그를 적으로 여겼습니다. 재물이 되었건 땅이 되었건, 생기는 것이 있으면 모두 자신의 공으로 돌리고 아랫사람들에게 나누어 주지 않았습니다. 이것이 항우가 천하를 잃은 이유라고 생각합니다."

두 사람의 의견을 듣고 있던 유방은 이내 고개를 젓더니 이렇게 말했다.

"그럴지도 모르지만, 그대들은 하나만 알고 둘은 모르는 것 같다. 나는 도저히 유막(帷幕)에서 작전을 계획하여 천 리 밖의 승리를 결정하는 데에는 장량을 따를 수 없다. 또한 내정을 충실히 하고 민생을 안정시키며 군량을 조달하고 보급로를 확보하는 데에는 소하를 따를 수 없을 뿐더러, 백만 대군을 마음대로 부리며 승리를 얻는 데에는 도저히 한신을 따를 수 없다. 이 세 사람은 하늘이 낸 걸출한 인물이다. 나는 이 세 사람을 부렸다. 그렇기 때문에 천하를 차지할 수 있었던 것이다. 항우에게는 범증(范增)이라는 걸출한 인물이 있었

지만, 항우는 그 한 사람도 제대로 쓰지 못했다. 그것이 그가 천하를 잃은 원인이다.

　유방은 자기보다 뛰어난 재능을 타고난 걸출한 인물, 즉 더없이 유능한 부하를 부릴 수 있었기 때문에 항우와의 싸움에서 이길 수 있었던 것이다.

부하의 의견을
경청하라

아랫사람의 의견에 귀를 기울여라. 그것만으로도 부하들을 심복시키고 분발케 할 수 있다.

　부하를 부린다는 것은 과연 무엇을 말하는 것일까? 유방의 경우, 부하들을 자신의 종처럼 부렸다는 표현은 맞지 않는다. 오히려 그와는 정반대였다고 말하는 것이 옳다.

　그는 자신의 의견을 따르라고 부하에게 강요하지 않고, 부하로부터 올라오는 의견을 채택하고자 애썼다. 그런 의미에서 보면, 그는 부하를 추켜세우는 유형의 리더였다고 할 수 있다. 리더가 자신의 뜻을 실현하기 위해서는, 그것을 실현시켜 줄 뛰어난 부하를 얻지 않으면 안 된다.

사실 유방은 장량, 소하, 진평(陳平) 등의 참모와 한신, 조진(曺進) 등의 용맹한 장수, 그리고 많은 선비와 인재들에 둘러싸여 있었다. 그러나 그들의 능력을 끌어낸 것은 다름 아닌 유방이었다. 그는 그들의 진언에 기쁜 마음으로 귀를 기울였으며, 대부분의 경우 지체하지 않고 그것을 실행에 옮겼다. 진언한 쪽에서 보면, 아마 이것처럼 신나는 일도 없었을 것이다. 그들은 모든 힘을 쏟아 유방을 도왔다.

《전국책》에 '선비는 자신을 알아주는 사람을 위해 목숨을 바친다.' 라는 말이 있는데, 그들이 유방을 위해 지혜를 짜내고 목숨을 바쳐 싸운 것은 유방이 자신들을 믿고 존중해 주었기 때문이다.

장량의 경우를 예로 들어보자.

길거리의 유협 출신으로 일개 야인에 지나지 않는 유방과 달리, 장량은 시황제에게 멸망한 한나라의 귀공자 출신으로서 소양과 학식이 매우 뛰어났다. 그런 장량이 오히려 온 힘을 쏟아 미천한 출신인 유방을 보필한 것은, '늘 큰 그릇다웠다.'고 칭찬받는 면이 유방에게 있었기 때문이다.

장량은 유방에게 자주 태공망(太公望)의 병법을 헌책(獻策)했는데, 유방은 그때마다 흔쾌히 받아들였다. 그런 일은 장량으로서는 처음 겪는 일이었다. 이에 장량은 '패공(沛公:유방)은 진정 하늘이 내신 분이다.'고 느껴 심복하게 되었으며, 유방을 위해 죽을 것을 다짐했다.

소하의 경우도 사정은 마찬가지이다. 그는 유방이 사수의 정장에 취임했을 때 사수군(泗水郡)에서 일했다. 말하자면 유방의 상관이었던 것이다. 그런 그가 거병(擧兵) 이후 유방 밑에서 아무 불평 없이 생애를 보낸 것은, 아랫사람의 의견을 존중할 줄 아는 유방의 큰 그릇에 감동했기 때문이리라.

진평의 경우는 더욱 그러하다. 본디 그는 항우를 섬겼는데, 항우의 아녀자 같은 좁은 마음씀에 실망하여 유방을 따르게 된 것이다. 그런데 유방은 그의 전력 따위엔 전혀 신경쓰지 않고 즉시 그를 참모로 발탁한 것은 물론, 그의 의견을 특히 중시했다.

진평이 타고난 지모를 발휘하여, 유방이 위기에 처할 때마다 구출하는 큰 활약을 보인 것은, 유방의 지우(知遇)에 감격했기 때문이다.

한편 유방의 공신 중에서도 장량·소하와 함께 '삼걸물(三傑物)'이라 불리는 한신은 유방을 일컬어, '장수들의 장수가 될 그릇'이라고 평했는데, 그는 한의 천하가 된 뒤 공적에 의해 초왕(楚王)에 봉해졌다. 그러나 모반(謀反) 혐의를 받아 회음후(淮陰候)로 격하되고 유방의 감시를 받게 되었다. 그럴 즈음의 일화이다.

이따금 한신의 유방과 잡담을 나누었는데, 한 번은 화제가 여러 장수에 대한 품평으로 옮겨졌다. 그런데 두 사람의 의견이 사뭇 달랐다. 화가 난 유방이 물었다.

"그러면, 나는 몇 만쯤 되는 병졸을 거느릴 수 있다고 생각하는가?"

"폐하는 기껏해야 10만 정도일 것입니다."

"그렇다면 자네는?"

한신이 대답했다.

"신은 많으면 많을수록 좋습니다."

유방은 고소를 금치 못하면서 물었다.

"많으면 많을수록 좋다는 자네가 왜 내게 잡혔지?"

유방의 물음에 한신은 이렇게 대답했다.

"폐하께서는 병졸을 지휘하는 장수로는 능하지 못하십니다. 그런데 장수를 부리는, 장수들의 우두머리로서는 더없이 훌륭하십니다. 제가 폐하께 사로잡힌 이유가 바로 여기에 있사옵니다. 참으로 폐하께서는 하늘이 내신 분이시어, 그 능력이 사람과는 같지 않습니다."

한신도 장량과 마찬가지로, 유방의 그릇을 '하늘로부터 받은 것'으로 인정했던 것이다.

이처럼 유방이 부하들로부터 칭송을 받고 그들의 능력을 최대한으로 끌어내어 사용할 수 있었던 것은 부하의 의견에 귀를 기울이는 능력이 뛰어났기 때문인데, 그것은 그야말로 '하늘로부터 받은' 능력이었는지도 모르지만, 적어도 그 점에 대해서만큼은 현대를 사는 우리들도 뼈에 사무치도록 익히고 배우지 않으면 안 될 것이다.

전투를 수행하는 데 유방은 그야말로 항우의 발끝도 따라가지 못했다. 사실 유방은 천하 대권의 명운을 걸고 항우와 대결한 '초한전

(楚漢戰)'에서는, 늘 항우가 거느린 정예부대에게 짓밟혀 쫓겨다니기 바빴다. 그러던 것이 달이 가고 해가 지나 세월이 흐르면서 마침내 형세가 역전되었고, 최후의 승리를 거머쥔 것은 싸움에 강한 항우가 아니라 달아나기 바빴던 유방이었다.

그 이유는 지금까지 여러 차례 지적한 것에서도 알 수 있듯이, 항우는 자기 혼자서 용전분투한 데 비해, 유방은 부하들의 힘을 최대한 끌어내어 집단의 힘으로 맞섰기 때문이다. 천하를 얻기까지 유방이 한 일이라곤 '응, 응, 그래, 그렇지' 하며 부하의 진언에 귀를 기울이면서 앉아 있는 것이 전부였다. 이 차이가 결국은 천하의 주인을 결정하는 데 핵심적 역할을 한 셈이다.

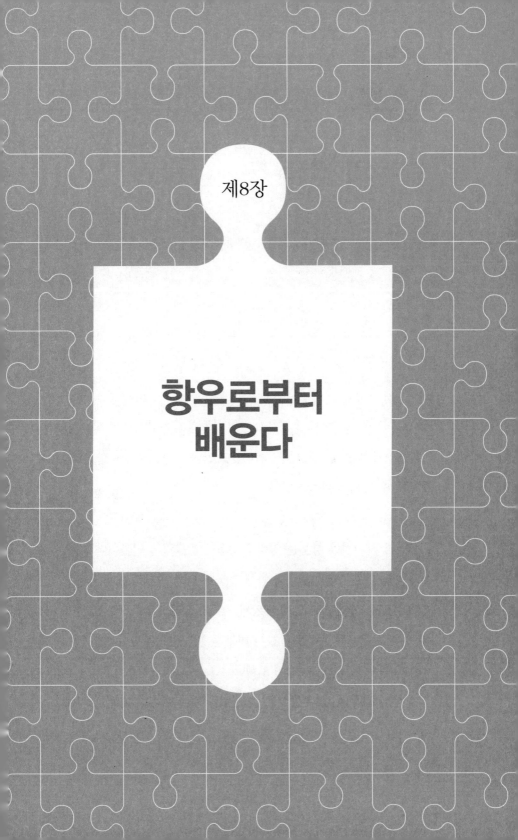

제8장

항우로부터
배운다

항우의 생애

항우는 최단거리를 통해 직선적으로 격파해 나가는 전투방식을 취했다. 그가 병사를 일으킨 지 겨우 3년 만에 패왕으로 군림할 수 있었던 이유도 바로 여기에 있다.

  유방의 라이벌인 항우는 일찍이 영웅으로 불렸던 인물이다. 겨우 24세 때 숙부인 항량(項梁)과 함께 진(秦)나라에 반기를 드는 군사를 일으킨 그는, 불과 3년 만에 패왕의 지위에 올라, 명실 공히 제1인자로 천하를 호령하게 되었다. 그의 대두는 참으로 눈부셨다.
  사마천은 그를 다음과 같이 평했다.
  "항우의 경우, 이렇다 할 기반이 있었던 것은 아니다. 그런데 시세에 편승하여 급격히 두각을 나타내더니 3년 후에는, 연(燕)·조·한(韓)·위·제의 다섯 나라 제후를 거느리고 진나라를 멸망시켰으며, 천하를 분할하여 각국의 제후를 왕후(王侯)에 임명하고 그들의 두령으로서 천하를 호령하는 패왕이 되었다. 뜻을 이루었다고 할 수는 없지만 지금껏 이만한 인물은 없었다."

항우는 유방과 달리 처음부터 기세등등했던 듯하다.

소년시절 읽기와 쓰기 공부를 했으나 전혀 진전이 없었다. 그래서 숙부인 항량은 검술을 가르쳤다. 그러나 이 역시 별다른 진전이 없었다. 항량이 꾸짖자 그는 이렇게 대답했다.

"글은 제 이름 석 자를 제대로 쓸 수 있으면 족합니다. 그리고 검술은 한 사람을 상대할 뿐이므로 배울 만한 것이 못 됩니다. 사내라면 만인을 대적하는 법을 배워야 한다고 생각합니다."

하는 수 없이 항량은 조카에게 병법을 가르쳤다. 그러자 항우는 매우 기뻐하며 열심히 배웠다. 그러나 병법 공부도 오래 계속하지는 않았다. 요점을 터득한 그는, 그것으로 그만이라는 듯이 책을 덮어버리고 말았다. 그의 전투 방식은 모든 것을 힘으로 밀어붙이는 식이었다.

유방의 전투 방식은 곡선적이어서 벽에 부딪치면 우회하는 것도 서슴지 않았지만, 항우는 눈꼬리를 치켜 올리고 최단거리를 통해 직선적으로 격파해 나가는 방법을 취했다.

항우의 이러한 일면을 잘 알 수 있는 일화가 있다.

우가 군대를 이끌고 진군(秦軍)에 포위되어 있는 거록(鉅鹿)을 구원하러 갔을 때의 일이다. 황하를 건넌 항우는 즉시 타고 온 배를 침몰시켰다. 그러고는 가마솥을 깨뜨리게 하고, 병사(兵舍)를 지을 때 쓰는 천막을 불사르게 했으며, 식량도 겨우 3일분밖에 지니지 못하게 했다. 그렇게 함으로써 병사들로 하여금 결사적인 각오로 싸우게 하려는 것이었다.

항우의 전투 방식은 늘 이런 식이었다. 그는 갑옷 소매로 한 번 스치는 정도로 상대방을 격멸하여, 그가 전진하는 곳엔 맞설 적이 없었다. 그가 병사를 일으킨 지 겨우 3년 만에 패왕으로 군림할 수 있었던 이유도 바로 여기에 있었다.

그러나 그토록 무적을 자랑하던 항우도, 최후의 결전이라고 할 수 있는 유방과의 싸움에서 조금씩 열세에 몰려, 마침내는 다음과 같은 멸망의 비가(悲歌)를 부르면서 자멸하고 말았다.

역발산혜기개세(力拔山兮氣蓋世)

시불리혜추불서(時不利兮騅不逝)

추불서혜가내하(騅不逝兮可奈何)

우혜우혜내약하(虞兮虞兮奈若何)

기운은 산을 뽑고 기개는 세상을 덮으나

때가 나빠 오추마(烏騅馬)가 나아가지 않네.

오추마 꼼짝 않으니 난들 어찌하리!

내 사랑 우(虞)여! 아, 우여!

추(騅)는 항우가 전장을 누빌 때 타고 다니던 애마(愛馬)이며, 우(虞)는 진중에까지 항우를 따라다니며 시중을 들던 그의 총희(寵姬)이다.

항우의
3가지 패인(敗因)

첫째, 부하들의 신임을 얻지 못함. 둘째, 민중의 인심을 얻지 못함. 셋째, 전략상의 실패.

항우가 패배하게 된 원인은 무엇일까?

우선 사람을 부리는 방법이 대단히 서툴렀다는 점을 지적하지 않을 수 없다. 그렇다면 사람을 부리는 항우의 어떤 점이 그토록 나빴던 것일까?

앞에서도 이야기했듯이, 진평은 유방의 승리에 절대적인 공헌을 한 작전참모 중의 한 사람이다. 그는 처음에 평판만 듣고 항우를 섬겼으나, 항우의 인물을 대접하는 방법에 환멸을 느껴 유방에게 몸을 맡겼다. 그는 유방에게 자신이 항우로부터 등을 돌린 이유를 이렇게 말했다.

"항왕은 사람을 믿지 않거니와 선비를 대접할 줄도 모릅니다. 그가 사랑하는 것은 여러 항씨, 그리고 처가 사람들뿐입니다. 이제 진평은 초나라를 떠났습니다. 한왕(漢王:유방)께선 사람을 믿고 선비를 대접하신다고 들었습니다. 그래서 대왕께 몸을 맡기려는 것입니다."

항우처럼 부하를 신뢰하지 않고, 또한 요직을 일족에게만 주어서는 뛰어난 인재가 제대로 등용될 수 없다. 설혹 아무리 뛰어난 인재가 모이더라도 오랫동안 일할 마음을 갖지 못하게 될 게 뻔하다. 언젠가 천하를 호령하겠다는 뜻을 가지고 있다면, 이런 태도는 치명적인 결함이 된다. 항우를 버린 것은 진평만이 아니다. 한신도 처음에는 항우를 섬겼으나, 오래지 않아 그 밑에서 도망쳐 유방을 섬겼다. 한신의 항우에 대한 평가도 매우 재미있다.

"항우가 한 번 질타하면 모든 부하가 그의 앞에 엎드려 잘못을 빌었다. 그런데 그는 현명한 장수가 있어도 그에게 일을 맡길 줄 몰랐다. 그러면서 호통을 치는 것은 '필부의 용기'에 다름 아니다!"

물론 앞서 얘기했듯이 항우가 부하들에게 그저 호통만 쳤느냐면 그렇지는 않다. 그도 나름대로는 부하들을 사랑할 줄 알았다. 늘 정중한 태도로 부하들을 대했으며, 누군가 병이라도 나면 자신이 먹는 음식을 보내주는 등 각별히 마음을 쓸 줄도 알았다.

그러면서도 부하가 공을 세우면, 그에 합당한 대가를 주려고 하지 않았다. 한마디로 세심한 배려는 베풀 줄 알았으나, 중요하고 진짜 크게 마음을 써야 할 부분에 인색했던 것이다. 즉 '필부지용'의 마음 때문에 결국 항우는 유방과의 싸움에서 지고 말았던 것이다.

항우가 유방과의 싸움에서 질 수밖에 없었던 두 번째 이유는, 부하의 마음뿐 아니라 일반 민중의 인심을 얻는 데 실패했기 때문이다.

유방보다 늦게 함양에 진군한 항우는, 홧김에 함양의 궁전을 모조리 불태워버릴 정도로 너무나도 포악하고 직선적인 성격의 소유자였다. 함양 사람들은 그런 난폭한 짓을 서슴없이 저지르는 항우를 가리켜 '원숭이가 관을 썼다.'라며 비웃었다.

"항왕의 허물은 잔혹함에 있다. 천하로부터 원한을 사 백성들이 우러러보지 않았고, 지나치게 위압적이어서 겁을 내었다."

이것은 항우에 대한 한신의 평인데, 이쯤 되면 아무리 싸움을 잘하더라도 인심을 얻을 수가 없다.

항우가 유방에게 패한 세 번째 이유로, 전략상의 실패를 들지 않을 수 없다.

"항우는 전략에서도 실패했다. 천하의 중심이라 할 수 있는 관중(關中)을 모처럼 점령해 놓고도 방치한 점, 반진연합(反秦聯合)의 맹주인 의제(義帝)를 쫓아내고 자신이 그 자리를 차지한 점, 자신에게 등을 돌린 제후를 용서하지 않은 점 등이다."

이렇게 항우의 패배에 관해 분석한 것은 다름 아닌 유방이다.

유방은 관중을 점령하자 그곳을 근거지로 삼았고, 항우에게 박해받은 제후를 끌어들였으며, 의제의 원수를 갚자는 대의명분을 세워 항우의 패권에 도전하여 마침내 승리했던 것이다.

권토중래(捲土重來)의
기회를 버리다

항우가 재기하기 위해서는, 무엇보다도 자신의 인간적 미숙함을 극복할 필요가 있었다. 그것이 선행되지 않는 한 아무리 재기를 거듭해도 역시 똑같은 실패를 반복했을 것이다.

항우와 유방의 대결은 3년여에 걸쳐 벌어졌다. 개전 초에는 군사력이 강한 항우 쪽이 절대적으로 우세했는데, 한 해 두 해 지나자 슬금슬금 전세가 수세로 바뀌게 되고, 마침내 항우는 '사면초가(四面楚歌)'의 상태에 빠져 자멸하고 말았다. 그 원인은 앞에서 예로 든 몇 가지 점에서 찾을 수 있는데, 결론적으로 말하자면 항우 자신의 인간적 미숙함에서 비롯된 것이라고 할 수 있다.

이 점에 대해 사마천도 다음과 같이 지적했다.

"항우는 자신의 공적을 코에 걸고, 자신의 지혜만 믿을 뿐 다른 어떤 의견도 받아들이지 않았다. 패왕이란 무력으로 천하를 정복한 사람이라며, 스스로 그렇게 행동했다."

덧붙여 양자가 대결한 때의 나이를 비교해 보면 흥미롭다.

유방은 사십대 중반으로, 인생에서 가장 활발하게 활동하는 시기였다. 이에 비해 항우는 이십대 후반에 지나지 않았다. 그런 젊은 나이에 천하의 패왕에까지 올랐다는 것은 역시 예삿일이 아니라고 할 수 있지만, 반면 젊기 때문에 미숙한 점도 많았다. 그의 패배는 그런 미숙함이 불러들인 것이라 해도 틀린 말은 아닐 것이다.

한편, 유방의 대군단에 쫓기게 된 항우는 몸소 부하를 이끌고 혈로(血路)를 열어 장강(長江) 부근의 오강(烏江)까지 도망갔다. 패주해 온 항우에게 오강의 정장은 이렇게 말했다.

"강동의 땅은 비록 넓지는 않지만 그래도 사방 천 리, 인구도 수십만이나 됩니다. 그곳에서 다시 깃발을 치켜 올리십시오. 자, 서두르십시오. 배라곤 이것 한 척뿐이니, 한군(漢軍)이 몰려오더라도 강을 건널 수는 없습니다."

그러나 항우는 이를 거절했다.

"아니다. 나는 하늘로부터 버림을 받았다. 강을 건넌다 하여 별 수 있겠는가. 하물며 강동은 내가 일찍이 8천의 젊은이들을 이끌고 천

하 제패의 깃발을 올렸던 곳……, 그런데 지금, 한 명도 살아 돌아온 자가 없다. 무슨 낯으로 그들의 부형을 볼 수 있겠는가. 설사 그들이 나를 욕하지 않는다 해도 나는 결코 돌아갈 수 없다."

정장의 권유를 물리친 항우는, 추격해 오는 한군의 무리 속으로 뛰어들어 장렬한 최후를 맞았다.

후에 당대(唐代)의 시인 두목(杜牧)은, '오강정(烏江亭)에 부쳐'라는 시에서 이렇게 읊었다.

승패병가불가기(勝敗兵家不可期)

포수인치시남아(包羞忍恥是男兒)

강동자제다재준(江東子弟多才俊)

권토중래불가지(捲土重來不可知)

승패는 전쟁 전문가도 기약할 수 없는 것

수치스럽더라도 부끄러움을 참는 게 진정한 남아

강동 땅에는 재주 있는 인재가 많았으니

뒷날을 기약했더라면 천하의 주인이 바뀌었을지도.

  항우가 부끄러움을 무릅쓰고 강동으로 갔더라면, 그곳에는 인재
가 많았으므로 권토중래(捲土重來)에 성공했을지도 모른다는 내용
의 시이다.

  그러나 항우가 재기하기 위해서는, 무엇보다도 자신의 인간적 미숙
함을 극복할 필요가 있었다. 그것이 선행되지 않는 한 아무리 재기
를 거듭해도 역시 똑같은 실패를 반복했을 것이다.

제9장

장량으로부터
배운다

유능한 참모를
거느려라

장량은 공성야전(攻城野戰)의 공훈은 한 건도 없지만 늘 유방과 함께 있으면서 전략을 책정하고, 그 전략을 어김없이 적중시켜 유방의 천하통일에 크게 공헌했다.

맨손으로 출발하여 천하를 차지하려면 무엇보다 자신의 능력, 즉 역량이 훌륭하지 않으면 안 되겠지만, 유능한 참모로부터 도움을 받지 않고서는 불가능하다.

한나라를 세운 유방의 경우를 보더라도 장량, 소하, 한신이라는 세 사람의 뛰어난 참모가 있었기에 천하를 손안에 넣을 수 있었다.

장량은 자신이 직접 군대를 이끌고 전투에 참가한 적이 없었다. 따라서 공성야전(攻城野戰)의 공훈은 한 건도 없지만 늘 유방과 함께 있으면서 전략을 책정하고, 그 전략을 어김없이 적중시켜 유방의 천하통일에 크게 공헌했다. 후에 유방 자신도, '군막 속에서 전략을 세워 천 리 밖에서 승리를 결정한 것은 자방(子房·장량)의 공이다.'라고 말했다. 자신이 책정한 전략을 적중시켜 승리하려면 병법에 여간 밝지 않으면 안 된다. 장량이 병법을 익힌 것에 관해 다음과 같은 일화가 전해진다.

일찍이 장량은 시황제를 암살하려다 실패하여 하비(下邳)라는 곳에 숨어 있었다. 그러던 어느 날 강가를 산책하고 있었는데, 앞쪽에서 형편없는 몰골의 노인이 다가왔다. 노인은 장량을 보자 신발을 벗어 다리 아래로 던지더니, '야, 저것 좀 주워와라!' 하고 명령하는 것이었다.

장량은 한 대 쥐어박아 주고 싶었지만, 상대가 상대인지라 기분을 가라앉히고 신발을 주워다 공손히 노인의 발 앞에 놓았다.

"신겨라."

장량은 어이가 없었지만 할 수 없이 노인이 시키는 대로 했다. 그러자 노인은 생긋 웃고는 걷기 시작했다. 장량은 자신도 모르게 노인을 따라갔다.

얼마쯤 갔을까? 노인이 갑자기 몸을 휙 돌리더니 말했다.

"제법 장래가 촉망되는 놈이군. 닷새 후 새벽이 되기 전에 이곳에 오도록 하라."

"예, 그렇게 하겠습니다."

이유도 모르는 채 장량은 엉겁결에 대답하고 말았다.

닷새 후, 새벽녘에 다리 옆에 가보니 노인은 벌써 와서 장량을 기다리고 있었다. 노인은 장량을 보자마자 대뜸 호통부터 쳤다.

"노인을 기다리게 하다니, 못된 놈!"

노인은 그대로 등을 돌리더니 '닷새 후 다시 이곳에 나오너라.' 하고는 사라져버리는 것이 아닌가. 그로부터 닷새 후, 장량은 첫닭이 울자마자 집을 나섰다. 그런데 노인은 이번에도 이미 와 있었다.

"또 늦었구나. 닷새 후 새벽이 되기 전에 다시 이곳에 오너라."

노인은 전처럼 그 말만을 남기고 사라져버렸다.

다시 닷새가 지났다. 장량은 이번에는 한밤중에 집을 나섰다. 다리 옆에서 한동안 기다리고 있자니, 노인이 빙글빙글 웃으며 나타났다.

"그래, 그래야지. 그런 마음이 중요한 거야."

노인은 품속에서 책 한 권을 꺼냈다.

"이것을 읽으면 틀림없이 왕자의 스승이 될 것이다. 10년 후에는 나라를 세우겠다고 깃발을 치켜들 것이다."

말을 마친 노인은, 장량에게 물어볼 틈도 주지 않고 그대로 연기처럼 사라져버렸다. 새벽이 되어 책을 펼쳐본 장량은 깜짝 놀랐다. 태공망의 병법서였던 것이다. 장량은 그 내용에 매료되어, 그때부터 그

책을 늘 곁에 두고 있었다. 마침내 그는 병법의 심오한 부분까지 완전히 터득하게 되었다.

덧붙여 말하자면 그때 장량이 노인한테서 받은 병법서는, 오늘날 《육도(六韜)》라는 이름으로 전해지는 병법서라고 한다.

비범한 통찰력이
필요하다

참모의 조건으로 우선 들지 않을 수 없는 것이 '지(智)', 즉 지모인데, 좀더 구체적으로 말하자면 선견력 또는 통찰력(洞察力)을 말한다.

진나라 말기의 큰 혼란기에, 장량은 하비의 젊은이들을 이끌고 병을 일으켜 곧 유방의 군사와 합류했다. 유방과 만남은 그야말로 우연에 지나지 않았는데, 그가 계속 유방의 사람됨에 끌려 그의 참모로 일하게 된 것은 결코 우연이라 할 수 없다.

장량이 자주 태공망의 병법에 대해 이야기하자, 유방은 그때마다 귀를 기울이고 흔쾌히 장량의 책략을 채택했다. 그리하여 장량은 '유방이야말로 하늘이 낸 영걸(英傑)'이라고 생각하여 심복했으며, 최후까지 유방을 도왔다. 지모에 뛰어난 장량이 그런 마음을 가질 정도로 유방의 그릇이 컸던 것이다.

그런데 참모의 조건으로 우선 들지 않을 수 없는 것이 '지(智)', 즉 지모인데, 좀더 구체적으로 말하자면 선견력(先見力) 또는 통찰력(洞察力)을 말한다.

이렇게 얘기하면 뭔지 감을 잡지 못하여 애매한 것 같지만, 사실은 그렇지 않다. 유방에게 올린 장량의 계교 중에서 한 가지만 예를 들어보겠다.

유방이 천하를 통일한 후의 일이다. 유방은 즉시 장량을 비롯하여 큰 공을 세운 신하 20여 명을 제후에 봉했는데, 그밖의 사람에 대해서는 공적을 정확히 평가하는 데에 시간이 많이 걸려 봉지(封地)를 결정하지 못하고 있었다.

그러던 어느 날 유방이 왕궁의 복도를 걷고 있을 때, 역전의 장군들이 정원 여기저기에 모여 뭔가 이야기를 나누고 있는 모습이 눈에 띄었다. 예사롭지 않게 생각한 유방은 즉시 장량을 불러 물었다.

"저들이 지금 뭣들 하는 게냐?"

"모르시고 계십니까? 반란을 꾀하려 하고 있습니다."

"천하가 이미 안정되었는데 반란이라니 그게 무슨 소리인가?"

"폐하께선 일개 서민의 몸으로 저들을 부려 천하를 장악하셨습니다. 그런데 폐하께서 천자가 되셨는데도 봉지를 받은 것은 소하와 조참 등, 폐하의 신임을 받는 옛날 신하들뿐입니다. 한편 벌을 받은 자는, 평소부터 폐하께서 미워하시는 자들뿐입니다. 관계자들이 저들의 공적을 평가하고 있는데, 필요한 봉지를 계산해 보니 천하를 가지고도 부족합니다. 그래서 저들은 폐하께서 모두에게 봉지를 줄 수 없기 때문에 자신들의 과거의 잘못을 들추어 벌을 주지 않을까 두려워하고 있습니다. 저렇게 모여 반란을 꾀할 계획을 세우는 것은 그런 까닭입니다."

"어떻게 했으면 좋겠는가?"

유방은 눈썹을 찡그리며 물었다.

"폐하께서 가장 미워하고, 또 그게 누구인지 남들이 잘 알고 있는 인물은 없습니까?"

"있지, 우선 옹치(雍齒)를 들 수 있다. 놈한테는 옛날부터 원한이 있다. 너무나도 거만스러워 당장 죽이고 싶지만, 공적도 적지 않아 어찌해야 좋을지 모르겠구나."

"그렇다면 즉시 옹치에게 봉지를 주고 여러 신하에게 그 사실을 알리십시오. 그렇게 하시면 모든 게 저절로 해결될 것입니다."

유방은 즉시 주연을 열고 옹치를 십방후(什方侯)에 봉한 다음, 승상(承相)과 어사에게 명하여 논공행상을 서두르라고 했다. 그러자 모든 신하들은 '옹치가 제후가 될 정도라면 우리들은 걱정할 필요가 없다.'라며 크게 기뻐하였다.

유방은 장량의 지혜 덕분에 반란의 위기를 미연에 방지할 수 있었다. 이러한 지혜야말로 장량의 특기라 할 수 있다.

어쩌면 고작 이러한 것이 장량의 지혜냐고 반문할 사람이 있을지도 모르겠다. 그러나 그러한 상황에서 그런 생각을 할 수 있는 사람이 과연 몇 명이나 될까?

이처럼 장량의 지혜는 평범하게 보이면서도 더없이 비범하고, 누구라도 생각할 수 있는 것 같은데도 아무도 생각할 수 없는 것들이었다.

지혜로운 자의
처세술

장량은 권력의 소용돌이 속에서 명철보신(明哲保身)하는 처세를 얄미울 정도로 멋지게 구사함으로써 만년의 처세에서도 남다른 면을 보여주었다.

장량은 지혜만 비범한 것이 아니었다. 공을 이루고 명예를 얻은 만년의 처세에서도 남다른 면을 보였다.

유방과 그의 공신들은 '타도 항우'의 깃발 아래 모여 힘을 쏟았는데, 그 계획이 멋지게 이루어지고 천하가 유방의 손에 들어오자, 그들 상에 어색한 분위기가 감돌면서 급기야는 반란을 꾀하려는 신하들이 속출했다. 그런 가운데 한신·팽월(彭越)·경포(黥布) 등의 공신

들이 잇달아 숙청되었다. 권력을 둘러싼 싸움은 어느 시대이건 이런 비극적인 측면을 가지고 있는지도 모른다.

유방과 비교적 깊은 신뢰 관계로 맺어져 있던 공신들은 갑자기 불안감을 느끼지 않을 수 없었다. 장량도 예외가 아니었다.

그러나 장량은 그런 정황 속에서 명철보신(明哲保身)하는 처세를 얄미울 정도로 멋지게 구사했다. 세속적인 욕망을 일체 끊어버렸던 것이다.

그리고 때때로 유방에게 문안을 드리게 되더라도 정치에 관한 이야기는 일절 하지 않고, 그와는 전연 관계없는 세상 이야기에 흥미를 보였다.

장량 자신이 이렇게 말하기도 했다.

"우리 집안은 대대로 한나라의 재상을 역임했다. 한이 멸망했을 때, 나는 만금을 들여 한을 위해 강력한 진(秦)나라를 칠 계획을 세워 천하를 놀라게 했다. 이제 이 세 치짜리 혀 하나로 제왕의 스승이 되고, 일만 호나 되는 봉지를 받아 제후가 되었다. 일개 서민이었던 몸으로 이 이상의 영달이 있을 수 있겠는가? 나는 이로써 충분하다. 앞으로는 속세를 버리고, 적송자(赤松子:옛적의 선인)처럼 선계(仙界)에서 놀란다."

선천적으로 병이 많았던 장량은 도인술(導引術)을 실행하여 곡물을 입에 대지 않고, 문밖으로 나오지 않으며 만년을 보냈다.

그는 유방이 죽은 뒤 8년 후에 숨을 거두었다.

제10장

한신으로부터
배운다

배수진의 비밀

병사를 사지(死地)에 몰아넣어야만이 살길이 열린다. —《손자》

한신은 장량, 소하와 함께 유방의 패업(霸業)에 공헌한 삼걸물 중 한 사람으로, 용병에 관한 한 자타가 공인할 만큼 특출한 재능을 가지고 있었다.

한신의 용병이란 과연 어떤 것일까? 널리 알려져 있는 것이 '배수진(背水陣)'의 고사이다.

한신은 유방의 명을 받고 조나라를 공격하게 되었다. 한신의 휘하에는 겨우 2만, 이에 비해 조나라 군사는 20만 명이나 되었으며, 그들은 수비 태세를 갖추고 한신을 맞을 준비를 하고 있었다. 한신으로서는 도저히 승산이 없어 보였다.

한신은 총공격을 하기 전날 밤, 2천 명의 경기병(輕騎兵)을 뽑아 붉은 깃발을 지니고 조나라 군대의 측면에 있는 산에 숨도록 하면서 이렇게 명령했다.

"내일 전투에서 우리 군대가 짐짓 패주하면, 적은 성을 비우고 추격해 올 것이다. 너희들은 그 틈을 놓치지 말고 성내로 잠입하여, 조나라의 흰 깃발을 뽑아버리고 우리 한나라의 붉은 깃발을 꽂도록 하라."

또한 그는 군사 1만을 보내 조나라 군대 앞으로 흐르는 강을 건너 포진케 했다. 성 안에서 이를 지켜보던 조나라 병사들은 배꼽을 잡고 웃었다.

병법서인 《울료자(蔚繚子)》에, '물을 등지고 진을 치지 말고, 언덕을 올려다보는 곳에 군대를 머물게 하지 말라.'는 유명한 말이 있다. 예로부터 강을 등진 포진과 언덕을 앞에 둔 포진은, 서투른 포진의 전형적인 예라 하여 기피해 왔다.

그런데 한신은 그 이론을 무시하고 진을 쳤기 때문에, 조나라 병사들은 한신을 병법의 상식도 모르는 놈이라고 비웃었던 것이다.

새벽이 되자, 한신은 몸소 군대를 이끌고 총공격을 했다. 조나라 군대는 즉시 성문을 열고 응전했다. 한신은 기회를 보아 퇴군을 명하고, 재빨리 강가의 진영으로 도망쳤다. 조나라 군대는 일제히 성에서 뛰쳐나와 추격하기 시작했다. 격렬한 공방전이 벌어졌다.

그러나 한신의 군대는 강을 등졌기 때문에 도망갈 수가 없었다. 물에 빠져 죽으나 적과 싸우다 죽으나 죽기는 마찬가지였다. 죽기를 각오하고 달려드는 한신의 군대에 조나라 대군이 조금씩 밀리기 시작했다. 그 사이 한신의 경기병들은 텅 빈 성을 점령하고 붉은 깃발을 곳곳에 꽂기 시작했다. 이에 신경이 쓰인 조나라 군대는 동요하기 시작했다. 정면의 적과 싸우다 보면 본영은 적의 수중에 떨어져버릴 것이 뻔했다.

결국 조나라 군대는 한신의 작전에 휘말려 우왕좌왕하다 패주해 버리고 말았다. 싸움이 끝난 다음, 한신에게 부하장수들이 물었다.

"병법에는, 산을 등지거나 물을 앞에 두고 싸우라 했습니다. 그런데 이번 싸움에서는 물을 등지고 싸우고서도 이겼습니다. 우리들이 어떻게 해서 이겼는지 이유를 알 수가 없습니다."

한신은 웃으며 이렇게 말했다.

"아니야, 이것도 훌륭한 병법이야. 잘 생각해 보아라. '병사를 사지(死地)에 몰아넣어야만이 살길이 열린다'는 말이 《손자》에 엄연히 있지 않은가? 그것을 응용한 것이 이번 배수진이지. 이번 우리의 군대는 급조되었기 때문에, 사지가 아닌 곳에서는 강인한 정신력을 발휘하지 못하지. 그래서 일부러 사지에 몰아넣었던 것이야."

'배수진'은 당시 병법의 상식에서 생각하면, 도저히 상상할 수도 없는 기책(奇策)이라고 할 수 있는 작전이었다. 그러나 일견 기책처럼 보이면서도 병법에 근거한 작전임에 분명하다. 바로 이것이 한신의 용병의 비범한 점이다.

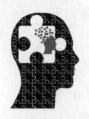

국사무쌍(國士無雙)의
재능

한신은 그와 재주를 겨룰 만한 사람이 없을 만큼 뛰어난 인물이었음에도 처음엔 중용되지 못했다.

한신은 미천한 가문에서 태어났기 때문인지, 훌륭한 재능을 지니고 있으면서도 많은 고통을 당했다. 그 한 예가 앞에서 얘기한, '한신, 불량배의 샅 밑을 기어가다.'라는 일화이다.

뒷날 한신은 초왕(楚王)에 봉해져 금의환향(錦衣還鄉)했을 때, 옛날 자기에게 모욕을 주었던 자를 불러 장교로 삼고, 부하 장군들을 둘러보며 이렇게 말했다.

"이 자는 장사다. 전날 이놈한테 욕을 당했을 때 마음만 먹었으면

죽일 수도 있었다. 그렇지만 사람 죽이는 것으로 이름을 남길 수는 없다고 생각하여 참았다. 지금의 내가 있게 된 것은 바로 이 녀석 덕분이다."

한신은 처음에는 항량을 섬겼고, 항량이 죽자 항량의 조카인 항우를 섬겼다. 그후 얼마 안 있어 항우를 떠난 그는 유방을 섬기게 되었는데, 처음에는 그리 중용되지 않았다. 오직 승상이었던 소하만이 평소부터 한신의 재능을 잘 알고 있을 뿐이었다. 소하는 기회가 닿는 대로 한신을 유방에게 추천할 생각이었다.

그러던 어느 날 한신이 달아나버렸다. 아무리 노력해도 출세할 기회가 없었기 때문에, 한신은 더 이상 유방 곁에 있을 필요가 없다고 생각했던 것이다. 소하는 즉시 한신의 뒤를 추격했다. 그런데 사정을 모르는 자가 이 사실을 유방에게 보고했다.

"승상 소하가 도망쳤습니다."

유방은 불같이 화를 냈다. 승상이 도망치면 군주는 두 팔을 그대로 묶이는 것과 같다.

그런데 이틀 뒤에 소하가 돌아와 유방을 배알했다. 유방은 한편으론 성이 나면서도 한편으론 매우 기뻤다. 그는 짐짓 소하를 꾸짖었다.

"자네까지 그럴 수가 있는가? 왜 도망쳤는가?"

"도망친 게 아닙니다. 도망친 자를 쫓아갔습니다."

"도망친 자를 쫓아갔다? 대체 어떤 자인가?"

"한신입니다."

"한신? 그런 놈을……, 말도 안 되는 소리!"

소하는 기회가 왔다고 생각하며 두 눈을 반짝이며 말했다.

"아닙니다. 전혀 그렇지 않습니다. 한신이야말로 국사무쌍(國士無雙)입니다. 앞으로 천하를 평정하시려면, 이런 사내의 힘을 빌리지 않고서는 불가능합니다."

소하는 강력하게 한신을 추천했다. 결국 유방은 한신을 총사령관에 임명하는 데에 동의했다.

지금은 마작(麻雀) 용어로 통용되는 '국사무쌍(國士無雙)'이란 말은 이 고사에서 나온 것으로서, 본디는 한나라에서 그와 재주를 겨룰 만한 사람이 없을 만큼 뛰어난 인물이란 뜻이다.

토사구팽(兎死狗烹)

한신은 만년의 처세를 잘못함으로써 토사구팽의 화를 자초하고 말았다.

한신은 소하의 예상대로 큰 활약을 함으로써 유방의 대업 달성에 공헌하고, 그 공적으로 초왕에 봉해졌다. 그런데 그후의 처세가 너무나도 서툴렀다.

초왕에 봉해져 하비에 도성을 둔 한신은, 영내를 순시할 때에는 늘 무장한 병사를 거느리고 다녔다. 그것이 어쩌면 재앙의 화근이 되었는지도 모른다. 유방의 측근 가운데 한 사람이 이를 보고, '초왕의 한신이 모반을 꾀한다.'고 상서(上書)한 것이다.

이에 유방을 비롯한 모든 사람들은 겁에 질리고 말았다. 어쨌든 한신은 대병을 이끌고 지방에 주둔하고 있는 터였다. 만약 그가 병을 일으키면, 다른 불만분자들이 소문을 듣고 병을 일으킬지도 몰랐다. 그렇게 되면 천하는 다시 피비린내 나는 전쟁터로 변하고 말 것이었다.

유방은 참모인 진평의 진언에 따라, 운몽(雲夢)까지 순행(巡幸)하기로 하고, 그곳에서 제후들과 회동하기로 했다. 말할 것도 없이 한신을 제거하기 위한 계책이었다.

한신은 유방의 초청을 접하고 크게 혼란에 빠졌다. 그러나 끝내 병을 일으킬 결단은 내리지 못했다. 한신이 운몽에 나타나자, 기다리던 유방의 무장 병사들이 그를 체포했다.

유방 앞에 꿇어앉혀진 한신은 이렇게 탄식했다.

"과연 옛사람의 말대로다. 꾀 많은 토끼가 죽으니 사냥개는 보신탕이 되고, 하늘 높이 날던 새가 떨어지니 활은 창고에 처박힌다. 적국이 망하니 모신(謀臣)은 쓸모가 없구나. 천하가 평정되었으니 이제 내가 가마솥에 들어갈 차례로다."

유방은 '너의 모반을 알려준 자가 있었다.'고 말한 다음, 한신을 서울로 호송케 했다. 그러나 한신에 대한 유방의 처벌은 관대했다. 왕에서 제후로 한 등급 격을 낮추었을 뿐이었다.

그런데도 한신은 불만이었다. 늘 침울한 채 즐거움을 몰랐다. 얼마 안 있어 그는 쿠데타를 계획했는데, 사전에 발각되어 삼족이 모두 죽임을 당했다. 삼군을 질타했던 대장군으로서는 너무나도 어처구니없는 최후였다.

제11장

소하로부터
배운다

사냥꾼의 공훈

사냥을 할 때 사냥감을 쫓아가는 것은 개지만, 그 개를 부려 사냥감을 쫓게 하는 것은 사람이다. 소하는 사냥개를 부려 사냥한 사냥꾼이라 할 수 있다.

유방의 천하 평정에 크게 공헌한 세 사람 중에 장량이 기획담당관, 한신이 영업상담 중역이었다면, 나머지 한 사람 소하는 총무담당 중역이라고 할 수 있지 않을까?

유방은 항우를 멸하고 황제가 된 다음, 논공행상(論功行賞)에서 가장 공이 많다고 생각한 것이 소하였다. 그래서 그에게 가장 많은 영지를 주었다. 그런데 이에 대해 공신들은 입을 모아 불만을 터뜨렸다.

"우리들은 몸을 던져 전선의 맨 앞에 나서서, 많은 자는 백 수십 회의 전투에 참가하고, 적은 자라 하더라도 수십 회의 전투에 참가했습니다. 공훈에 차이는 있을망정, 하나같이 성을 공략하고 땅을 약정(略定)했습니다. 그런데 소하는 단 한 번도 전장에 나가지 않고 오로지 책상 앞에서 계획만을 세웠을 뿐입니다. 그런 그가 우리보다 공이 많다고 하시니, 도저히 그 이유를 모르겠습니다."

"너희들도 사냥을 알고 있겠지?"

유방은 이렇게 말문을 열었다.

"예, 알고 있습니다만……."

"그러면 사냥개에 대해서도 잘 알겠구나."

"그렇습니다."

"사냥을 할 때 사냥감을 쫓아가는 것은 개지만, 그 개를 부려 사냥감을 쫓게 하는 것은 사람이다. 말하자면 너희들은 달아나는 사냥감의 숨통을 끊어놓았을 뿐으로, 공훈이 있다면 사냥개와 같은 공훈이다. 그에 비교하면, 소하는 사냥개를 부려 사냥한 사냥꾼이라 할 수 있다. 그는 사냥을 많이 한 공훈을 세웠다. 또 그뿐이 아니다. 너희들은 너희 한 몸으로 나를 섬기지 않았느냐? 많아야 한 가족 세 명 정도일 것이다. 그런데 소하는 일족을 이끌고 수십 명의 사람을 전장으로 내보냈다. 그 공훈도 무시할 수 없다."

유방의 말에 공신들은 더 이상 불만을 가질 수가 없었다.

　그렇다면 유방으로부터 '사냥꾼의 공훈'을 세웠다고 평가받은 소하의 공훈은 과연 어떤 것일까?

　유방은 5년에 걸쳐 항우와 사투를 전개했다. 처음 유방의 군대는 항우의 정병(精兵)들로 구성된 군단에 쫓겨 패배를 거듭했고, 유방 자신도 도망 다니기 바빴다. 그런데 전선을 어렵게나마 유지하는 가운데, 유방 진영의 전략적 우위가 서서히 드러나기 시작했다. 그리고 마침내 유방은 항우를 해하(垓下)에서 격멸하고 천하를 수중에 넣었던 것이다.

　열세였던 유방이 반격에 성공하고 역전승을 거둘 수 있었던 이유는 무엇일까? 가장 큰 이유는, 후방에서 끊임없이 새로운 병력과 물자를 보급해 주었기 때문이다. 그래서 개전 초 계속 패배하면서도 버틸 수 있었던 것이다. 그런 지원 업무를 차질 없이 수행해 낸 사람이 바로 소하였다.

사마천은 소하를 다음과 같이 평했다.

"가장 중요한 일을 성실히 완수하여, 여러 신하의 우두머리라 할 수 있다."

후방 기지를 지키며 전선에 보급을 원활히 추진한 공적을 이야기하는 것이리라.

후방 기지를 지키는 총무의 일은 영업이나 기획과는 달리 화려함이 결여되어 있다. 그렇지만 그런 일을 가장 힘들고 공적이 높은 일이라고 유방은 판단했던 것이다. 역시 유방은 평범한 리더는 아니었던 것 같다.

제2인자만을
고수하다

소하가 '모든 신하의 우두머리 자리'를 지키며 유방의 명보좌관으로
시종할 수 있었던 것은, 어디까지나 보좌역에 만족하고 우두머리가
되겠다는 야심을 전연 품지 않은 뛰어난 처세술 때문이다.

　장량과 한신이 중도에서 유방의 밑으로 들어온 데 비해, 소하는 유
방이 병을 일으킨 이래 줄곧 그와 생사를 같이했다.

　유방이 젊었을 때, 패(沛)라고 하는 마을에서 매일 술집에 드나들
며 술타령을 벌일 때, 소하는 패를 관할하는 현(縣)의 하급관리였다.
'평범할 뿐 특별히 뛰어난 데는 없었다.'고 《사기》에 기록되어 있는
것을 보면, 소하는 평범한 하급관리에 지나지 않았던 듯하다. 그런

데 소하는 그때부터 불량기가 있는 유방을 위해 여러 가지 편의를 봐주었던 것 같다. 유방이 사수의 정장이 된 뒤로도, 소하는 직권을 이용하여 여러 가지로 유방에게 도움을 주었다.

유방이 패현의 사람들에게 추대받아 반란군의 지도자가 되었을 때, 소하도 유방을 지도자로 추천한 사람 중 하나였다. 그리고 그 이후 소하는 유방의 군사들을 돌보았고, 유방이 한왕에 봉해진 후에도 그의 승상이 되어 내정의 총책임자가 되었다.

유방이 황제가 된 다음에도 두 사람의 관계는 변하지 않았다. 소하는 유방의 지위가 높아짐에 따라 자신도 승상, 상국(相國) 등 신하로서는 최고의 지위에 올랐다.

소하의 처세술의 특색은, 어디까지나 보좌역에 만족하고 우두머리가 되겠다는 야심을 전연 품지 않았다는 점이다. 그는 언제나 제2인자로서 만족했다. 그러나 제2인자로서 처세하기란 옆에서 보는 것처럼 결코 쉬운 것만은 아니다.

앞서 이야기한 것처럼 소하는 유방과는 거병 이래 맹우(盟友)의 관계에 있었고, 공적도 컸으며 유방의 신뢰 또한 두터웠다. 그런데 우두머리와 보좌역의 관계는 매우 미묘하기 마련이다. 하찮은 의견 불일치로 이것저것 거북한 분위기가 조성되는 것은 예나 지금이나 변함이 없다. 소하는 유방과 신뢰 관계를 유지하기 위해 세심한 주의를 기울이지 않으면 안 되었다.

유방은 황제가 되고 나서도 각지에서 일어나는 반란을 진압하기 위해, 스스로 군대를 이끌고 제일선에 나서는 일이 많았다. 그러는 동안 수도 방위를 책임진 사람은 승상이었던 소하였다. 유방은 소하를 신뢰하기는 했지만, 그래도 만일의 경우 어떤 일이 일어날지 몰라 수도를 비울 수가 없었다.

유방의 그런 속마음을 꿰뚫어본 소하는, 자신의 일족 중에서도 기둥이 될 만한 자를 수십 명 뽑아 전선에 내보내고, 전재산을 군비에 헌납하는 등 유방의 불안을 제거하는 데 애썼다. 실로 눈물겨운 노력이라 아니할 수 없다.

그러나 그것만으로는 유방의 불안감을 덜어주기에 부족했다.

그런 유방의 마음을 읽은 소하의 수하 한 사람이 어느 날 소하에게 다음과 같이 충고했다.

"곧 일족들과 멀리 하십시오. 상국의 자리는 너무 오랫동안 계셨습니다. 또 공적도 제일 높습니다. 더욱이 상국께서는 10여 년 동안이나 수도에 계시면서 민심을 장악하고 계십니다. 상국께서 선정을 펴신 덕분에 백성들은 상국께 절대적으로 심복합니다. 폐하께서 진중에서 자주 안부를 물으시는 것은, 상국께서 이곳에서 반란을 일으키지나 않을까 경계하시기 때문입니다. 이렇게 하면 어떻겠습니까? 땅을 호기 있게 사들이는 것이……, 값싸게 계산한 다음 땅값을 천천히 지불하여 상국의 평판을 나쁘게 만드는 것입니다. 그러면 폐하께서도 안심하시지 않겠습니까?"

현재의 지위를 유지하려면 스스로 자신의 평판을 나쁘게 만들어야 한다는 것이다. 참으로 대담하고도 명철보신한 처세술이 아닐 수 없다. 소하가 이 의견을 받아들여 실행에 옮기자, 유방은 대단히 기뻐했다.

유방이 반란군을 토벌하고 수도로 귀환하자, 사람들이 유방의 행렬을 가로막고 소장(訴狀)을 올렸던 것이다. 소하가 인민의 전답을 억지로 사려고 했다는 내용이었다.

유방은 궁중으로 문안차 찾아온 소하를 보더니 싱글싱글 웃으면서 말했다.

"자네는 내가 없는 사이 백성들을 꽤 쥐어짰던 모양이던데……."

유방은 소장을 모두 소하에게 넘겨주며 말했다.

"자네는 자신의 잘못을 깨닫고 그들에게 사과해야 할걸세."

그런데 그 기회를 놓치지 않고 소하가 궁중 소유로 되어 있는 땅을 농민에게 나누어주자고 하자, 유방의 낯빛이 갑자기 바뀌었다.

"이놈! 장사꾼들한테 뇌물깨나 받아먹은 모양이로구나. 내 정원을 감히 주제넘게……."

유방은 소하의 신병을 옥리(獄吏)의 손에 넘겼다.

유방은 조급하고 화를 잘 내는 인간적 결점을 가지고 있었지만, 그래도 시비선악을 가리는 데는 그 누구보다도 뛰어났던, 천하에 둘도 없는 영주(英主)였다.

며칠 후, 유방은 자신의 행동을 후회하고 소하를 석방했다. 그리고 본디대로 상국의 지위도 복권시켜 주었다.

앞에서 말한 것처럼, 우두머리와 보좌역 사이에는 껄끄러운 점이 많다. 그런 가운데서도 소하가 '모든 신하의 우두머리 자리'를 지키며 명보좌관으로 시종할 수 있었던 것은, 유방을 위해 한결같이 헌신하면서도 자기 몸을 지키기 위한 신중함을 잃지 않았기 때문이다.

사사로운 정을 버려라

소하는 죽을 때도 자신과 사이가 나빴던 조참을 후임으로 추천했다.

유방이 죽은 뒤 2년 후, 소하도 뒤따르듯 세상을 떠났다.

소하가 병들어 자리에 몸져누웠을 때의 일이다.

유방의 뒤를 이은 효혜제(孝惠帝)가 몸소 문병을 와 이 기회에 묻고 싶은 게 있다며 이렇게 말했다.

"경에게 만일 일이 벌어진다면, 누구를 후임자로 삼는 게 좋겠소?"

"신하들을 누구보다 잘 알고 계신 분은 바로 주군이십니다."

"그러면 조참(曹參)은 어떤가?"

이에 소하는 머리 숙여 대답했다.

"잘 보셨습니다. 이제 죽더라도 걱정이 없습니다."

조참은 소하가 현의 하급관리로 있을 때 옥리(獄吏)를 지낸 자로, 유방이 거병하자 소하와 함께 반란에 참가한 절친한 친구였다. 소하가 시종일관 후방 근무에 종사한 데에 비해, 조참은 오로지 공성야전에서 활약하여 유방의 공업(功業)을 도왔다.

그런데 소하와 조참 두 사람은 거병 이래 줄곧 맹우의 관계를 유지했으면서도, 함께 공을 이루어 명예를 얻은 만년에는 사이가 나빴다고 한다. 그런데도 소하는, 죽음에 임박해서는 조참을 후임자로 추천했던 것이다.

소하는 또 생전에 전답이나 집을 구입하더라도 반드시 고급지를 피하고, 또 장식이 별로 없는 수수한 집을 골랐다. 그리고 이렇게 말했다고 한다.

"자손의 됨됨이가 좋으면 나의 검약함을 본받을 것이고, 또 됨됨이가 나쁘더라도 이런 집은 권력자들이 탐내지 않을 것이므로 빼앗길 염려가 없을 것이다."

이 역시 혹독한 정치 세계에서 살아남은 명보좌관다운 명철보신의 처세가 아닐까?

제12장

조직을 키우는
지도자의 매력

인재를
모으는 비결

예를 갖추어 대접하고 겸손하게 가르침을 받으면, 자기보다 백 배나 훌륭한 인재가 모여들 것이다. 경의를 표하고 그의 의견에 귀기울이면, 자기보다 열 배 훌륭한 인재가 모여들 것이다. 상대방과 대등하게 행동하면, 자신과 흡사한 인물들이 모여들 것이다. 자리에 앉아 지팡이를 쥐고 곁눈질로 지시하면, 틀림없이 소인배 무리가 모여들 것이다.

《전국책》에 다음과 같은 이야기가 실려 있다.

연나라의 소왕(昭王)이, 널리 인재를 구하여 국력을 충실하게 하고

자 곽외(郭隗)라는 인물을 불러 인재를 모을 수 있는 비결에 관해 물었다. 곽외는 이렇게 대답했다.

"제왕은 좋은 스승을 두어야 합니다. 또 왕자는 좋은 벗을, 패자는 좋은 신하를 두어야 합니다. 나라를 망치는 왕은 쓸모없는 신하들만 불러들입니다. 인재를 불러들이겠다고 하셨지요?"

"그렇다."

"그렇다면 몇 가지 말씀드릴 게 있습니다. 우선 예를 갖추어 상대방을 대접하고 겸손하게 가르침을 받습니다. 그러면 자기보다 백 배나 훌륭한 인재가 모여들게 됩니다. 상대방에게 경의를 표하고 그의 의견에 귀를 기울입니다. 그러면 자기보다 열 배 훌륭한 인재가 모여들게 됩니다. 상대방과 대등하게 행동합니다. 그러면 자신과 흡사한 인문들이 주변에 모이게 됩니다. 자리에 앉아 지팡이를 쥐고 곁눈질로 지시합니다. 그러면 틀림없이 소인배 무리가 모여들게 됩니다. 일방적으로 꾸짖기만 합니다. 그러면 하인들밖에 모여들지 않습니다. 이상이 인재를 부르기 전에 알아두어야 할 상식입니다."

이 상식을 근거로 하여 유방과 항우를 비교해 보도록 하자.

유방은 결코 재능이 뛰어나거나 총명하지 않다. 오히려 조야(粗野)한 인물로, 곧잘 감정을 폭발시키며 부하를 호되게 꾸짖었다. 그러나 일의 맥을 정확히 짚을 줄 알았던 그는, 기본적으로 부하들의 의견에 귀를 잘 기울였다. 그런 의미에서는 참으로 예가 드물 만큼 도

량이 넓었다 할 수 있다. 그가 개인적인 능력이 자기보다 훨씬 뛰어
난 세 사람의 걸물을 부릴 수 있었던 것은 바로 이러한 점 때문이
다. 한편 항우는, 한신에 의해 '아녀자의 자비로움'을 지녔다고 혹평
받았듯이 부하들의 잔일에는 세심하게 배려했지만, 기본적으로 부
하들의 능력이나 재능을 인정하지 않았다. 곽외의 분류에 의하면,
'자리에 앉아 지팡이를 쥐고 곁눈질로 지시하는' 타입의 지도자였
던 것이다. 유능한 부하들이 항우에게서 속속 달아난 이유는 바로
이 때문이었다.

아랫사람이 섬기고픈
우두머리가 되어라

명군이 명군인 까닭은 널리 신하의 의견에 귀를 기울이기 때문이다. 또
한 암군(暗君)이 암군일 수밖에 없는 까닭은, 군주의 비위나 맞추려는
신하의 말만 믿기 때문이다. —《정관정요(貞觀政要)》

제왕학의 원전인 《정관정요(貞觀政要)》에, '명군이 명군인 까닭은,
널리 신하의 의견에 귀를 기울이기 때문이다. 또한 암군(暗君)이 암
군일 수밖에 없는 까닭은, 군주의 비위나 맞추려는 신하의 말만 믿
기 때문이다.'라는 말이 있는데, 유방과 항우의 경우는 이것과는 약
간 다르다.

유방의 경우, 이 사람 저 사람 할 것 없이 널리 신하의 의견에 귀를

기울였다고는 할 수 없다. 그는 유능한 인재를 모아 그들의 의견을 들었다. 좋은 의견을 낼 만한 인물을 모으는 데에 성공했던 것이다. 이것은 바로 유방이 천하를 통일하는 초석이 되었다.

반면 항우는 결코 암군이라고 할 수도 없고, 특별히 자신의 마음에 드는 신하만 두었다고 할 수도 없다. 단 그는 신하의 의견에서 해결책을 찾겠다는 생각이 근본적으로 희박하여, 언제나 독단전행(獨斷專行)을 일삼았다. 그런 상황에서는 유능한 부하일수록 오랫동안 섬기고 싶은 마음을 가질 수가 없는 것이다.

부하 입장에서 보면 유방은 섬기고 싶은 리더이고, 반면 항우는 그렇지 않은 리더의 유형이다. 그리고 이것이 그대로 두 사람의 운명을 결정했던 것이다.

제13장

목계형(木鷄型)의
리더

무위(無爲)의 지략

상대방의 기세가 강하다고 판단되면 아무 손도 쓰지 않고 오로지 무위(無爲)를 지키며 때를 기다린다. 그러다가 때가 왔다고 판단되면 즉시 움직인다. '정(靜)'에서 '동(動)'으로 기민하게 변신하는 것이다.

재상은 어떤 인물이어야 하느냐는 물음에, 중국인의 뇌리에 제일 먼저 떠오르는 것은 한나라의 승상이었던 진평에 관한 일화이리라.

유방이 죽은 뒤, 한왕조에는 여후(呂后) 전제의 시대가 열렸다. 미망인인 여후가 표면에 나서면서 직접 정치에 개입하여, 여씨 일족을 대거 요직에 등용하는 등 제멋대로 정치를 하기 시작했다. 반대하는 자는 가차없이 정치판에서 몰아내 버렸다.

중국의 오랜 역사를 살펴보면 자주 이런 일이 발생했다. 근대에 들어서는 모택동(毛澤東)의 미망인인 강청(江青)이 전면에 나서서 정치에 개입하여 횡포를 부렸는데, 여후에 비하면 강청은 그녀의 발바닥에도 미치지 못한다. 강청은 정치가로서 고작 삼류밖에 되지 못하지만, 여후는 오랜 중국의 역사에 둘째라면 서러워할 여걸이었다. 그런 여장부가 발 벗고 정치에 개입하여 마음대로 천하를 주물러댔다. 나라를 세운 지 얼마 되지 않은 한왕조 내부에 초속 50미터의 폭풍우가 불어닥친 것이다.

진평은 당시의 재상이었는데, 그는 미쳐 날뛰는 듯한 여후의 전횡에 수수방관하기만 했다. 뿐만 아니라 여후의 폭주를 빤히 보면서도 술과 미녀들에 취하여 세월을 보냈다. 여후가 따로 사람을 보내어 더 자유롭게 생활하라며 진평의 비위를 맞추었을 정도였다.

그런데 이것은 어디까지나 진평의 작전이었다. 몇 년 후, 천하의 여걸도 흐르는 세월 앞에서는 속수무책인지라, 여후는 남편 곁으로 가고 말았다. 여후의 경계심을 누그러뜨리면서 그녀가 죽기만을 기다리고 있던 진평은, 즉시 군사권을 쥐고 있던 주발(周勃)과 공모하여 쿠데타를 일으켜 여씨 일족을 주멸(誅滅)했다.

상대방의 기세가 강하다고 판단되면 아무 손도 쓰지 않고 오로지 무위(無爲)를 지키며 때를 기다린다. 그러다가 때가 왔다고 판단되면 즉시 움직인다. '정(靜)'에서 '동(動)'으로 기민하게 변신하는 것이야말로 '황로술(黃老術)'을 터득한 인물의 특징이리라.

　여씨 일족이 주멸된 뒤, 유씨의 피를 받은 문제(文帝)가 지방 왕에서 황제의 자리에 올랐다. 이때 진평은 여씨 주멸의 제일 큰 공로자는 주발이라며 그를 상석(上席)의 재상에 추대하고, 자신은 그보다한 단계 낮은 재상 자리로 물러섰다. 이 또한 얼마나 얄밉고 빈틈없는 처세인가.

　그로부터 얼마 지나지 않아서의 일인 듯하다. 어느 날 문제는 두사람의 재상을 불러, 먼저 윗자리에 앉은 주발에게 물었다.

　"연간 재판의 건수는 어느 정도 되는가?"

　"잘 모르겠습니다."

　주발은 정직하게 대답할 수밖에 없었다.

　"그럼 연간 국고의 수지는 얼마나 되는가?"

　"그 역시 잘 모르겠습니다."

　주발은 몹시 부끄러웠고, 등줄기에서는 식은땀이 흘렀다. 그는 일찍이 유방을 따라 공성야전에 활약한 창업의 공신이었지만, 누군가'재능은 범용했다.'라고 평가했듯이 정치적 수완은 부족했다. 그래서그런 대답밖에 할 수가 없었던 것이다.

　문제는 할 수 없이 진평에게 같은 내용을 물었다.

　그러자 진평은 이렇게 대답했다.

　"그런 일이라면 담당자에게 물으셔야 합니다."

"담당자는 누구인가?"

"재판에 관한 것은 사법을 관장하는 장관에게 물으셔야 하며, 국고 수지에 관한 것은 재무를 관장하는 장관에게 물으셔야 합니다."

"그런 일에 담당자가 있다면 재상은 대체 어떤 일을 하는가?"

문제가 의아해 하며 물었다.

"폐하께서는 저의 우매함을 모르시고, 황송하옵게도 재상에 임용해 주셨습니다. 외람되지만 제 소견을 말씀드리겠습니다. 재상의 임무란, 위로는 천자를 보좌하고 음양의 조화를 바로잡아 사계의 갈마듦을 순조롭게 하며, 아래로는 만물이 적절히 자랄 수 있게 하는 것입니다. 또 밖으로는 사방의 오랑캐들과 제후를 진무(鎭撫)하고, 안으로는 만인을 길들이고 각자에게 직책을 바르게 수행할 수 있도록 하는 것입니다."

이것은 한마디로 이상적인 재상론에 다름 아니었다.

"정말 그렇군. 잘 배웠네."

문제는 고개를 끄덕이며 진평에게 칭찬의 말을 건넸다.

얼마 안 있어, 주발은 자신의 재능이 진평에 미치지 못한다는 사실을 깨닫고 사임할 뜻을 비쳤다. 그후로는 진평 혼자서 재상직을 맡았다.

황로술(黃老術)이란?

황로술(黃老術)이란 '고요함〔靜〕' 속에 '움직임〔動〕'을 담고, 무위자연 속에 강력한 권모술수를 감춘 처세철학을 일컫는다.

진평은 기략종횡(奇略縱橫)의 작전참모로서, 여섯 번 기계(奇計)를 짜내어 유방을 위기에서 건졌다고 전해진다. 그러한 진평이 만년에 재상의 자리에 오르고 나서는 일전(一轉)하여, 무위를 기조로 하는 생활을 시작했다.

진평이 이처럼 상반되는 기략종횡의 면과 무위자연(無爲自然)의 면을 함께 가지고 있었던 것은 결코 우연한 일이 아니다.

《사기》에 의하면 진평은 젊었을 때, '황제(黃帝)와 노자(老子)의 학

술'을 좋아하여 그것을 열심히 배웠다고 한다. 줄여서 '황로술'이라고
도 하는 이 학술은, 무위자연 속에 강력한 권모술수(權謀術數)를 감
춘 처세철학이다. 후세에는 이것을 '노장사상(老莊思想)'이라고 부르
게 된다.

우리들은 일반적으로 노장사상이라고 하면 은퇴하여 조용히 시간
을 보내는 처세를 설명한 것으로 이해하는 경우가 많은데, 이것은 터
무니없는 오해이다. '고요함〔靜〕' 속에 '움직임〔動〕'을 담고, 무위자연
속에 강력한 권모술수를 감춘 것이 노장사상이며 황로술이다.

중국인은 지도자의 조건으로 '희로애락의 감정을 드러내지 말 것'
을 강조한다. 요컨대 지도자라면 자신의 감정을 노골적으로 표현해
서는 안 된다는 것이다. 이는 분명 '노장사상에 근거한 인식'인데, 단
이 경우도 그저 멍청하게 윗자리에 앉아 있으면 되는 것이 아니라 감
정을 밖으로 드러내지 않은 상태에서, 마음속에는 풍부한 지략과
무서운 술수를 감추고 있어야 한다는 것이다.

이러한 '황로술'을 깊이 공부한 진평은, 지략과 무위의 두 측면을 적
절하게 구사하면서 파란만장한 정치 인생을 헤쳐 나갔던 것이다.

잔일은
부하에게 맡겨라

재상은 잔일에 직접 나서서는 안 된다. 요컨대 작은 일은 부하에게 맡기고 세상이 제대로 돌아가는지를 잘 살펴야 한다. 즉 재상의 임무는 대국적 판단을 하는 것이다.

여기서 잠깐, 진평과 비교하기 위해 또 한 사람의 재상을 소개하지 않을 수 없다. 그는 병길(丙吉)이라는 사람으로, 진평보다 약 120년 뒤에 역시 한대(漢代)의 재상을 지낸 인물이다. 병길을 소개하는 것은, 재상의 처신에 관해 논할 때면 진평과 마찬가지로 어김없이 거론되는 일화를 가지고 있기 때문이다.

어느 해 봄날, 재상인 병길이 수레를 타고 장안의 거리를 달리다 어느 길모퉁이에 다다랐다.

　그런데 마침 그곳에서는 큰 싸움이 벌어져, 이미 죽은 사람까지 몇 명 있는 게 아닌가? 그러나 병길은 아무 일도 아니라는 듯 그대로 그곳을 지나쳐버렸다. 함께 타고 있던 사무관은, 그런 소동이 벌어졌는데도 왜 수레를 멈추지 않는지 도무지 이해할 수가 없었다.

　얼마쯤 더 가니, 맞은편에서 소가 끄는 수레가 오고 있었다. 자세히 보니 소는 혀를 길게 뺀 채 괴로워하고 있었다. 병길은 즉시 수레를 멈추고 사람을 보내 이렇게 묻게 하는 것이었다.

　"이 수레는 대체 얼마를 달렸느냐?"

　사무관은 점점 더 이유를 알 수가 없었다. 사람이 죽는 소란에는 눈 하나 깜빡이지 않고 그대로 지나치더니, 소가 힘들어 하는 것을 보고는 사람까지 보내어 알아보도록 하는 것이 아닌가? 사무관은 더 이상 참지 못하고 그 까닭을 물어보았다.

　병길의 대답은 이러했다.

　"난투사건을 다루는 것은 수도의 장관이나 경찰 업무를 맡은 사람의 직책이다. 재상이 된 자는 1년에 한 번 그들의 근무 상황을 평가하고, 그에 따른 상벌을 상주(上奏)하면 그것으로 족하다. 재상은 잔일에 직접 나서서는 안 된다. 거리의 질서를 잡는 일 따위에 신경을 써서야 되겠는가. 그리고 소를 보고 수레를 멈춘 것은 다른 뜻이 있어서가 아니다. 아직 봄이 한창인데도 소가 지쳤기 때문에, 음양의 조화가 잘못된 것이 아닐까 걱정스러워서였다. 재상의 임무는 천지 음양의 조화를 맞추는 것이다. 그래서 수레를 멈추었던 것이다."

이 일화에서 주목해야 할 것은, '재상은 잔일에 직접 나서서는 안 된다.'는 일구(一句)이다. 이는 이상적인 재상의 모습을 이야기할 때 어김없이 인용되는 말이다.

이 일화를 기록하고 있는 《한서(漢書)》에는 다음과 같이 덧붙이고 있다.

병길은 대체(大體)를 알았다 할 수 있다.

'대체(大體)를 안다'는 것은 중국의 사서(史書)에 자주 나오는 말로서, 대국적 판단을 할 수 있다는 의미이다.

그런데 진평과 병길은, 재상의 임무 중 하나로 음양의 조화를 맞추어야 하는 것을 들고 있는데, 이에 관해서는 약간의 설명이 필요할 것 같다.

예로부터 중국인은, 이 세상의 모든 것은 음(陰)과 양(陽)의 두 기운으로 이루어져 있는데, 음과 양의 균형이 잘 잡혀 있으면 세상이 순조롭게 돌아가고, 균형이 깨지면 갖가지 이변이 일어난다고 생각했다. 따라서 재상이 이 두 기운이 조화로운지를 생각한다는 것은, 세상이 제대로 돌아가고 있는지를 염려한다는 뜻이다. 그것은 곧 대국적 판단을 그르치지 않는 것이 재상의 임무라는 뜻이기도 하다.

덕을 갖춘
지도자가 되어라

훌륭한 인물은 보통사람보다 뛰어난 덕을 갖추고 있지만, 그것을 드러
내지 않기 때문에 일견 바보처럼 보이는 법이다. ―노자

진평과 병길의 태도를 개인에게 적용한다면 '목계(木鷄)'에 가깝지
않을까? 중국인은 예로부터, 재상을 필두로 한 사회 지도자적 입장
에 있는 사람들의 이상적인 모습을 목계에서 구했다.

목계란 과연 무엇일까?

노장사상의 원류를 담은 책 중에 《장자(莊子)》가 있는데, 거기에는
다음과 같은 유명한 이야기가 실려 있다.

옛날 기성자(紀渚子)라는 사람이 있었는데, 그는 투계(鬪鷄)의 명인이었다. 어느 날 그는 왕으로부터 싸움닭 한 마리를 훈련시키라는 명을 받았다.

열흘 후 왕이 기성자에게 물었다.

"어떤가? 이제 슬슬 싸움을 시켜볼 수 없을까?"

기성자가 대답했다.

"아닙니다. 아직 이릅니다. 살기를 드러내며 대적할 상대를 구하고 있습니다."

그로부터 열흘 후 왕이 다시 물었다.

"이제는 싸움을 시켜도 되겠지?"

"좀더 기다리셔야 합니다. 다른 닭의 울음소리를 들으면 즉시 깃털을 곤두세우고 투지를 불태웁니다."

다시 열흘 후 왕이 묻자 기성자는, '조금만 더 기다려주십시오. 다른 닭의 모습을 보면, 매섭게 쏘아보며 흥분합니다.' 하고 대답했다.

열흘 후 다시 왕이 물었다.

"이젠 된 것 같습니다. 곁에서 다른 닭이 아무리 울고 뛰어도 조금도 동요하는 기색을 보이지 않아, 마치 나무를 깎아 만든 닭을 보는 것 같습니다. 싸움닭으로서 덕이 충실해졌다는 증거입니다. 그 어떤 닭도 이 닭과는 대적할 수 없습니다. 모습만 봐도 그대로 달아나버리고 말 것입니다."

　이것은 물론 우화(寓話)에 지나지 않는다. 그러나 다른 닭이 모두 꽁지를 감추고 달아나 버리기 때문에, 기성자가 조련한 싸움닭이야 말로 완벽한 덕을 갖추었다고 할 수 있다.

　중국인은 예로부터 이러한 목계형의 인물을 지도자의 이상적인 모습으로 간주했다.

　일본의 어느 유명한 씨름선수는 70연승의 꿈이 깨진 날 저녁 친구에게, '목계가 되려면 아직 멀었나 보이.'라고 전보를 쳤다고 한다. 목계의 경지를 목표로 했던 그 씨름선수는, 인간으로서도 대단한 인물이었던 듯하다.

　《사기》에 의하면, 노자가 처음으로 공자를 만났을 때 다음과 같이 충고했다고 한다.

　"훌륭한 인물은 보통 사람보다 뛰어난 덕을 갖추고 있지만, 그것을 드러내지 않기 때문에 일견 바보처럼 보이는 법이네. 자네를 보니 우쭐하길 좋아하고, 젠체하는 태도와 아집이 얼굴에 그대로 나타나 있네. 이 모든 것을 버리게."

그렇다면, '내가 하겠소, 내가 하겠소'를 외치며 서로 높은 자리를 차지하려는 요즈음의 지도자들은 목계형의 지도자와는 거리가 먼지도 모르겠다.

제14장

국궁진력(鞠躬盡力)의
리더

주어진 환경에서
최선을 다하라

'재상은 잔일에 신경 쓰지 않는다.'고 했지만 유독 제갈공명만은 그렇지 않았다. 그것은 그가 처한 독특한 상황 때문이었다.

중국은 3천 년 역사 속에서 많은 명재상을 배출했는데, 그중에서도 중국인이 제일 먼저 떠올리는 사람은 제갈공명이리라. 그에 대한 중국인의 생각은, 이유를 막론하고 거의 신앙에 가깝다. 그런데 그는 진평이나 병길과는 달리 잔일에도 직접 나서서 처리하는 타입의 재상이었다.

예를 들어보자.

공명이 오장원(五丈原)에서 사마중달과 대진할 때의 일이다. 어느 날 중달에게 공명이 보낸 사자가 찾아왔다. 중달은 싸움에 관해서는 일절 말하지 않고, 오로지 공명의 침식과 일상생활에 관해서만 물었다. 사자는 이렇게 대답했다.

"제갈공께선 아침에 일찍 일어나시고 밤엔 늦게 잠자리에 드십니다. 또 태장 20대 이상의 형벌은 반드시 직접 처리하십니다. 또 식사는 조금밖에 하지 않으십니다."

중달은 공명의 사자가 돌아간 다음 이렇게 말했다.

"그렇다면 공명의 목숨도 얼마 남지 않았구나."

이것은 《삼국지》에 나오는 유명한 이야기인데, 태장 20대에 해당하는 형벌은 조그만 부대의 대장쯤이 관장해도 되지 않을까? 오장원에서는 적과 대치한 상태였기 때문에 어쩔 수 없다는 견해도 있을 수 있으리라. 다만 공명의 경우는, 재상으로서 정무를 볼 때에도 사소한 일까지 놓치지 않고 신경을 썼던 듯하다.

《자치통감(資治通鑑)》에 의하면, 이러한 공명의 태도를 보다못하여 서기관(書記官)인 양옹(楊顒)이 다음과 같은 말을 올렸다 한다. 약간 길지만 전문을 소개하도록 하겠다.

정치에는 정해진 길이 있어 윗사람은 아랫사람의 직분을, 아랫사람은 윗사람의 직분을 범해서는 아니 된다고 합니다. 집안일을 예로 들어 말씀드리겠습니다.

남자 하인은 밭을 갈고 여자 하인은 밥을 짓습니다. 또 닭은 날이 밝았음을 알려주고, 개는 도둑을 쫓고, 소는 짐을 나르고, 말은 사람을 태웁니다. 이렇게 역할이 분담되어 있고, 또 모두가 자신들의 일을 충실히 하면 가정에는 아무 문제될 일이 없어, 주인은 마음 편히 잘 수가 있습니다.

그런데 모든 일을 주인이 도맡아 하려 한다면 어떻게 되겠습니까? 너무나 피로하고, 일 또한 어느 한 가지 제대로 되는 게 없을 것입니다. 주인의 지혜가 노비나 동물보다 못해서가 아닙니다. 주인으로서의 자리를 잊고 있기 때문에 그런 일이 벌어지는 것입니다.

옛사람도 '앉아서 도를 논하는 것은 왕공(王公), 그것을 실행하는 것이 사대부(士大夫)'라고 하지 않았습니까? 병길이 길을 가다 사람이 맞아 죽는데도 못 본 척하고, 진평이 나라의 재정에 대해 아는 바 없다면서 재상의 임무는 달리 있다고 대답한 것도 이러한 이유 때문입니다. 이 두 사람은 자신의 임무를 잘 알았다고 할 수 있습니다.

그런데 공(公)께서 일을 처리하시는 것을 보면, 사소한 일까지 마음 쓰시면서 하루 종일 땀을 흘리고 계십니다. 어찌 힘들지 않을 수 있겠습니까?

요컨대 양옹이 말하고자 한 것은, 진평이나 병길처럼 잔일에는 신경을 쓰지 말라는 것이었다. 그런데 이런 말을 들은 공명이 그때까지의 방법을 바꿨다는 기록은 어디에도 없다.

공명 자신도 '재상은 잔일에 관여해선 안 된다.'는 것이 이상적이라는 사실을 모르지는 않았다. 그러나 그에게는 그렇게 할 수밖에 없었던 이유가 있었다.

공명은 유비로부터 두터운 신뢰를 받아 추사를 부탁받았다. 유비는 백제성(白齊城)에서 죽음을 맞으면서, 승상인 공명을 침상으로 불러 이렇게 말했다.

"자네가 이 나라를 안정시킨 다음 천하통일의 대업을 이루리라고 믿고 있네. 만약 내 자식 유선(劉禪)이 보좌할 만한 놈이라고 생각되거든 힘껏 도와주게. 그렇지만 그놈의 기량이 형편없다고 생각되거든 자네가 제위에 오르도록 하게."

공명이 대답했다.

"신, 반드시 온 힘을 쏟아 돕겠습니다. 충정(忠貞)의 결의를 지켜 전하께 입은 은혜를 그분께 죽음으로써 보답하겠습니다."

유비의 뒤를 이은 유선은 '바보 황제'라고 할 수 있을 정도로 더없이 범용(凡庸)한 인물이었다. 그래도 꼭 한 가지 칭찬할 만한 것은, 부친의 유언을 받들어 국정을 전적으로 공명에게 맡겼다는 점이다.

그런 만큼 공명은 더욱 무거운 책임을 느껴야 했다. 그가 세세한 일에까지 마음을 써가며 국정에 임한 것은 바로 이러한 이유 때문이었다.

유비가 세운 촉한은, 위왕조(魏王朝)를 멸하고 전중국을 통일하여 한왕조를 회복하는 것을 건국의 국시(國是)로 삼았다. 그러나 그 꿈을 실현하지 못하고 도중에 죽음을 맞이하게 된 유비는 뒷일을 공명에게 부탁했던 것이다.

축한은 나라를 세운 지도 얼마 되지 않았으며, 영토도 좁았고 인구도 적었다. 황하 유역을 지배하는 위왕조와 비교하면 국력 면에서 1대 7 정도로 열세였다. 그런 작은 나라가 멀리까지 원정을 보내 싸움을 걸었다. 예사 방법으로는 도저히 승리를 기약할 수 없었다. 그러나 그런 싸움을 승리로 이끄는 것이 공명에게 주어진 임무였다.

공명은 남다른 책임감과 사명감을 갖지 않을 수 없었다. 이러한 사정은, 그가 유선에게 올린 《후출사표(後出師表)》의, '신은 온 힘을 쏟아 일하고 죽음으로써 말하렵니다.'라는 결의 표명에서도 잘 드러나 있다.

그런데 안타깝게도 축한은 인재의 층이 두텁지 못했다. 그래서 축한의 운명이 공명 한 사람의 어깨에 걸려 있다 해도 과언이 아니었다. 즉 어떤 일이건 그가 처리하지 않으면 안 되었던 것이다.

공명은, 재상은 잔일에 신경 쓰지 않는다는 것을 누구보다도 잘 알았겠지만, 그에게는 그런 환경이 주어지지 않았던 것이다.

중국 사람들도 이런 공명의 사정을 이해하고 있기 때문에, 공명의 경우 이상적인 방법을 취하지는 못했지만 명재상의 반열에서 제외되지 않는 것이다.

신상필벌은
공평무사하게 하라

공명이 이상적인 재상이 되지 못했음에도 불구하고 명재상의 반열에 오른 이유는, 그가 신상필벌에 공평무사한 정치를 펼쳤기 때문이다.

공명이 명재상의 반열에서 제외되지 않는 것은 오로지 이 같은 이유 때문일까? 결코 그렇지 않다. 그것은 공명이 행한 정치를 보면 잘 알 수 있다.

한마디로 말한다면 공명은 매우 엄한 정치, 즉 신상필벌의 정치를 펼쳤다고 할 수 있다. 앞에서 예로 든, '울면서 마속(馬謖)을 베다.'가 그 좋은 예이다.

이러한 공명의 엄숙한 자세는 임전태세의 진중에서뿐 아니라, 평소 재상으로서 국정에 임할 때에도 같았다. 선과 악을 분명히 구분지어, 법을 어기는 자는 집안사람이라 할지라도 용서없이 단죄하고, 직무에 태만하면 중신이라 할지라도 가차없이 처벌했다.

짧은 기간 동안에 국력을 충실히 하고, 위나라를 멸하고 천하를 통일하기 위해서는 그런 방법밖에 없었는지도 모른다.

엄격함이야말로 공명의 정치의 가장 큰 특징이었다. 일반적으로 말해 엄한 정치는 사람들로부터 좋은 평판을 듣지 못하는 법이다. 부하는 공포에 질린 얼굴로 대할 것이며, 민중 사이에서도 원성이 높게 마련이다. 기가 약한 정치가나, 평판에 신경쓰는 정치가는 쉽사리 그런 정치를 할 수가 없다.

그런데 공명의 경우, 엄한 정치를 하면서도 민중의 원성을 듣지 않았다고 한다. 또 사람들 모두가 그를 두려워하면서도 사랑했다고 한다.

무엇이 그것을 가능하게 했을까? 그것은 아마도 공평무사하고 사심이 없는 그의 정치관 때문일 것이다.

공명은 부하들을 편애하는 법이 없었다. 충절을 다하여 나라에 공헌한 자라면 평소 적대시했더라도 반드시 상을 내리고, 법을 어기고 직무를 태만히 한 자는 설혹 친족이라 해도 반드시 벌을 내렸다. 그랬기 때문에 가혹한 벌을 받는 자도 그것을 달게 받았다. 공명이 두려운 존재이면서도 존경을 받았던 이유가 여기에 있다.

공명은 또 일상생활이 더없이 검소했다.

그는 출진에 즈음하여 유선에게 이렇게 아뢰었다고 한다.

"성도(成都)에 뽕나무 8백 그루와 거친 땅 50경(頃)을 가지고 있어 가족의 의식(衣食)은 그것으로 충분합니다. 저는 원정군의 책임자로서 오로지 임무를 완수하기 위해 애쓸 뿐입니다. 입고 먹는 것은 모두 나라로부터 지급받고 있는 까닭에 달리 사재(私財)를 불릴 필요가 없습니다. 제가 죽은 다음에 재산을 남겨, 폐하의 신뢰를 저버리는 일은 하지 않으렵니다."

공명의 사후 그의 재산을 정리해 보니 그의 말 그대로였다고 하니, 그가 얼마나 사심이 없고 결백한 사람이었는지를 알 수 있다.

공명이 명재상으로
첫 손 꼽히는 까닭

리더로서 국궁진력하는 모습과 근면 성실함, 이것이 공명을 명재상으로 손꼽는 가장 큰 이유이다.

이상 승상으로서 공명의 특징을 살펴보면 다음 4가지로 정리할 수 있을 것이다.

1. 잔일도 소홀히 하지 않을 만큼 정무에 힘을 쏟았다.
2. 신상필벌의 매우 엄한 정치를 폈다.
3. 공평무사하고 사심이 없었다.
4. 일상생활은 더없이 검소했다.

물론 이 4가지 조건을 충족시키는 것만으로도 예사 정치가가 아님에 틀림이 없다. 《삼국지》를 쓴 역사가 진수도, '공명이야말로 정치의 요체를 제대로 파악한 인물이며, 관중(管仲)·소하에 필적할 만한 명재상이다.'라고 높이 평가했다.

그런데 일반적으로 중국 사람들이 공명을 명재상으로 첫 손 꼽는 이유는, 이 4가지 조건 외에 또 한 가지 요소가 작용하기 때문인 듯하다. 그게 무엇일까? 잘라 말하여 그것은 패자를 동정하는 서민감정이다. 한왕조의 전통을 이어받고자 한 촉한은, 위왕조를 타도하고 한의 사직을 회복하는 것을 건국의 목표로 삼았다. 그런데 위나라와 촉한의 국력을 비교하면, 이 목표는 촉한에게 너무도 힘겨운 것이었다. 공명은 누구보다도 위나라와의 싸움이 얼마나 힘겨운 일인지 통감하고 있었다. 그것은 공명이 유선에게 올린 《출사표(出師表)》를 한 번만 읽어보아도 명배해진다. 천고(千古)의 명문이라고 칭찬을 받는 공명의 《출사표》는, '선제(先帝)께서는 창업의 뜻을 반도 이루지 못하신 채 돌아가셨습니다. 지금 천하는 세 쪽으로 나뉘고, 익주(益州)는 지쳐 있습니다. 참으로 나라의 흥망성쇠가 달린 때라 아니할 수 없습니다.'라는 글로 시작되어, 비장감 넘치는 출진 결의를 밝히고 있다. 공명은 온 몸을 던져 국궁진력하고, 오장원의 진중에서 숨을 거두었는데, 그의 죽음을 정사(正史) 《삼국지》는 '그해(서기 234년) 8월, 량(亮:공명), 병으로 진중에서 죽다. 그의 나이 54세.'라고 매우 간결하게 기록하고 있다. 일설에 의하면, 그는 피를 토하고 쓰러졌다 한

다. 오랫동안의 과로 때문에 건강이 극도로 나빴던 듯하다. 이처럼 리더로서 국궁진력하는 모습과 근면 성실함, 이것이 그를 명재상으로 손꼽는 가장 큰 이유인지도 모른다.

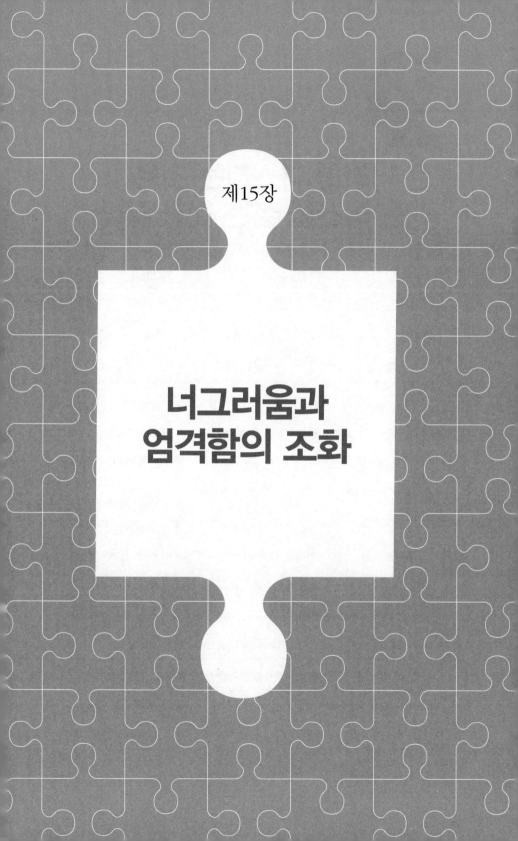

제15장

너그러움과
엄격함의 조화

큰 나라를 다스리는 것은
작은 생선을 삶는 것과 같다

작은 물고기를 삶을 때는 마구 휘저어서는 안 된다. 형체가 부서질 뿐 아니라 맛도 떨어진다. 정치도 이와 같다. 세세한 일에까지 눈을 주어 안달하다가는 큰일을 그르치기 십상인 것이다.

송나라의 태종이, '나라를 다스리는 도는 너그러움과 엄격함의 중간을 취하는 것이다.'라고 말한 것처럼, 너그러움과 엄격함의 중간을 취하는 것이 바로 정치의 요체이다. 너무 부드럽지도 않고, 그렇다고 너무 엄격하지도 않은 것이 나라를 다스리는 데는 바람직하다는 것이다. 중국인은 예로부터 어떤 일에서건 균형감각을 중요시하여, 한 극단으로 치닫는 것을 매우 싫어했다. '너그러움과 엄격함의 중간을 취한다.'는 말도 이런 사고방식에서 나온 것이리라.

그러면 송 태종이 지향한 '너그러움과 엄격함의 중간을 취하는' 정치란 과연 어떤 정치일까? 태종과 그 당시 재상이었던 여몽정(呂蒙正)의 문답에서 그 일단을 알아보자.

어느 해, 운하를 통해 배로 물건을 운반하는 자들이 관가의 물건을 훔쳐내어 다른 곳에 팔고 있다는 고발이 들어왔다. 이에 태종은 다음과 같이 지시했다.

"노력하지 않고 이익을 보려는 패거리를 없애려 해도, 마치 쥐구멍을 막으려는 것과 같아 도저히 근절시킬 수가 없다. 정도가 지나친 놈만 몇 잡아들이도록 하라. 배의 우두머리가 약간 착복했더라도 공무에 큰 탈이 없다면 추궁하지 마라. 나라에 필요한 물자가 원활하게 운반되기만 하면 그것으로 족하다."

그러자 옆에 있던 재상 여몽정이 이렇게 맞장구쳤다.

"잘 생각하셨습니다. 물이 너무 맑으면 물고기가 없는 법입니다. 사람도 너무나 청렴하면 친구가 없기 마련입니다. 소인들의 짓이다 보니 속까지 빤히 들여다보입니다만, 큰 도량으로 대처해야 큰일에 지장이 없습니다. 너무 엄하게 다루면 그놈들이 발붙일 곳이 없어지고, 그러면 물자를 운반할 수 없게 됩니다. 슬며시 위협하는 데 그쳐야지, 못된 짓이라 하여 아예 뿌리째 뽑으려 해선 안 됩니다."

중요한 것, 기본적인 것만 지켜지면 그것으로 좋다는 뜻이리라.

《노자》에 '큰 나라를 다스리는 것은 작은 생선을 삶는 것과 같다.'
는 유명한 말이 나온다.

작은 물고기를 삶을 때는 마구 휘저어서는 안 된다. 형체가 부서질
뿐 아니라 맛도 떨어진다. 정치도 이와 같다. 세세한 일에까지 눈을
주어 안달하다가는 큰일을 그르치기 십상인 것이다.

'너그러움'과 '엄격함'의
두 칼을 적절히 사용하라

정나라의 재상 자산은, '너그러움과 엄격함이 조화를 이룬 정치'를 행함으로써 국정을 바로잡는데 성공할 수 있었다.

'너그러움'과 '엄격함'이 조화를 이룬 정치를 행한 것으로 높이 평가받는 사람이 바로 자산(子産)이다. 그는 지금으로부터 약 2,500년 전 춘추시대 정(鄭)나라 재상이었다.

자산이 재상에 취임한 당시 정나라는 밖으로부터는 초·진 두 강대국의 압력을 받고, 안으로는 정치인들끼리 암투와 파벌 다툼이 심해 국력이 말이 아니었다.

그런 상황에서 재상에 기용된 자산은, '너그러움과 엄격함이 조화를 이룬 정치'를 행하여 국정을 바로잡는 데 성공했을 뿐 아니라, 국제사회에서도 강대국으로부터 결코 멸시당하지 않는 존재로 정나라의 위상을 높여 놓았다.

그러면 자산이 행한 '너그러움과 엄격함이 조화를 이룬 정치'란 과연 어떤 것이었을까?

우선 그가 보여준 '너그러운' 면부터 살펴보도록 하자.

정나라에는 옛날부터 각 지방에 향교(鄕校)라 불리는 교육기관이 있었다. 본디 향교는 지방 귀족에게 엘리트교육을 시켜 미래의 정치 지도자를 양성하기 위해 설립되었는데, 정치 싸움이 심해지면서 그곳이 어느 틈엔가 정치 비판의 중요한 거점으로 이용되었다. 그대로 방치해 두었다가는 언론 활동의 범주를 넘어 반란으로까지 발전할 소지가 많았다. 이를 걱정한 자산의 측근 한 사람이 향교를 폐쇄할 것을 진언하자, 그는 이렇게 대답했다.

"아니다, 그럴 필요가 없다. 그들은 정무를 마친 다음 향교에 모여 우리의 정치를 비판하고 있다. 나는 그들의 의견을 참고하여 평판이 나쁜 정책은 개선하려고 한다. 그들은 말하자면 나의 스승인 셈이다. 향교를 폐쇄한다는 것은 말도 안 된다. '성실하기만 하면, 사람들의 원망을 살 일이 없다.'는 말이 있다. 탄압으로 사람들의 원망을 막으려는 것은 불가능하다. 물론 완력을 쓴다면 그들의 입을 막을 수는 있을 것이다. 그러나 그것은 큰 물의 흐름을 억지로 막으려는 것과 같다. 그렇게 되면 조만간 둑이 무너지고 수많은 사상자가 생기는 것은 물론, 더 이상 손을 쓸 수 없는 사태로까지 발전하게 될 것이다. 백성의 언론생활도 이와 마찬가지이다. 조금씩 물줄기를 옆으로 분산시켜 큰 홍수가 되는 것을 막는 것처럼, 무리하게 탄압하기보다는 자유롭게 말하도록 하는 게 좋다. 그리고 그중에서 쓸 만한 것은 정책에 반영하면 되는 것이다."

이처럼 자산은 매우 관대한 정치를 펼쳤다. 그러나 그것은 그의 일면에 지나지 않는다. 그는 '너그러움'의 이면에 '엄격함'으로 일관된 면도 가지고 있었다.

자산이 재상에 오르자마자 그에게 부여된 책무는, 농업을 진흥시켜 국력을 충실하게 하면서 국가의 질서를 회복하는 것이었다. 이 목표는 '너그러움'만으로는 도저히 달성할 수 없는 성질의 것이었다.

자산은 잇따라 국력을 강화하기 위한 시책을 수립하고 이를 실행에 옮겼는데, 그 시책은 상당한 인내를 강요하는 것이었다. 그 때문에 자산은 그 시책의 주된 대상인 농민층으로부터 빈번하게 원성을 샀다. 특히 군사비 조달을 위해 새로운 세금제도를 실시했을 때에는 격렬한 비난이 빗발치더니, 급기야는 자산을 때려잡아야 한다고 외치는 자가 하나 둘 늘어나기 시작했다. 조정에서는 불안을 감추지 못하고 전전긍긍했다. 그러나 자산은 동요하지 않았다.

"국가의 이익이 걸린 문제이다. 어찌 일신의 생사 따위가 문제 되겠는가. 나는, '결과가 좋으리라는 확신이 있으면 밀어붙여야 한다. 그 과정에서 빚어지는 약간의 과오는 별문제가 되지 않는다. 결과가 나쓰면 아무리 의도가 좋았더라도 소용없다'고 들었다. 백성들이 나를 비난한다 하여 뜻을 굽힐 생각은 없다. 나는 단호히 밀고 나가겠다."

그는 정책의 근간에 관한 일에서는 촌보도 양보하지 않고 자신의 뜻을 밀고 나갔다. 그 결과, 얼마 되지 않아 농업진흥정책이 궤도에 오르면서 농민의 생활도 향상되었고, 그때까지 어려움을 겪었던 농민들도 자산의 뜻을 이해했다.

이처럼 자산의 정치적 특징은 '너그러움'과 '엄격함'의 두 칼을 적절히 사용한 데 있다. 그리고 그런 정치로써 그는 훌륭한 업적을 남겨, 오늘날까지도 명재상으로 인구에 회자되고 있다.

너무 굳세지도,
너무 부드럽지도 마라

너그러움과 엄격함을 적절히 섞어 사용한 것이 자산이 행한 정치의 특징이라 했는데, 막상 이것을 실행하려면 말처럼 그리 간단한 것이 아니다.

자산은 병으로 쓰러졌을 때, 후계자인 자대숙(子大叔)을 불러 이렇게 말했다.

"나는, 정치에는 두 가지가 있다고 생각한다. 하나는 너그러운 정치이고, 다른 하나는 엄격한 정치이다. 너그러운 정치로 백성들을 복종시키기란 여간 어렵지 않다. 그래서 일반적으로 엄한 정치를 행하는 것이 좋다. 이 두 정치는 물과 불의 관계와 같다. 불의 성질은 격하고 보기에도 무시무시하여 가까이하려 하지 않는다.

　그래서 불 때문에 죽는 자는 오히려 적다. 그런데 물의 성질은 더없이 부드러워 사람들이 두려워하지 않는다. 너그러운 정치는 물과 같아서 일견 더없이 부드러운 것 같지만, 사실은 대단히 무서운 힘을 가지고 있다."

　그런데 자산의 뒤를 이은 자대숙은 엄격한 태도로 백성들에게 군림하기를 꺼려, 한결같이 부드러운 정치를 하는 데 힘썼다. 그러자 곧 자산 시대의 긴장감이 완전히 풀려 시국이 어지러워지기 시작했다. 이에 자대숙은 '처음부터 자산께서 말씀하신 대로 했더라면 이런 일은 없었을 텐데…….' 하고 크게 탄식했다.

　자산은 때로는 대담하게 민의의 동향에 따랐고, 때로는 모든 비판을 무시한 채 오로지 자신의 뜻을 관철시켰다. 그에 반해, 자대숙은 다분히 민중의 비판을 두려워하여 정치의 원칙까지 망각했던 듯하다. 자산과 동시대 인물인 공자는 그의 정치를 높이 평가했는데, 자산이 자대숙에게 한 말을 전해 듣고 이렇게 평했다.

"무릇 정치란 자산처럼 하지 않으면 안 된다. 백성은 위정자가 단속을 느슨하게 하면 버릇없이 기어오르게 마련이다. 그렇게 되면 위정자로서는 엄하게 다스릴 필요가 있다. 그런데 그런 정치를 너무 오랫동안 계속하면 백성이 견디질 못한다. 그땐 다시 단속을 느슨하게 할 필요가 있다. 이처럼 강유(剛柔)를 잘 조화시켜야 정치가 중용을 얻을 수 있다. 너무 강하지도 않지만 그렇다고 너무 부드럽지도 않는 것, 이것이 바로 자산의 정치이다."

작은 은혜에 사로잡혀
큰일을 망치지 마라

진짜 중요한 것은 대국적 판단이다. 이러한 사실을 잊고 인기만 의식하는 것은 너그러움이 지나친 처사라고 하지 않을 수 없다.

이 문제를 조금 다른 각도에서 생각해 보도록 하자.

자산이 매우 엄한 정치를 관철한 것은, 자신이 수행하는 정책이 나라를 위하는 것이며 나아가 백성을 위하는 것으로, 일시적인 불평을 사더라도 결국은 사람들로부터 지지를 받을 것이라는 확신이 있었기 때문이다. 그리고 그 확신을 지켜나갈 만한 신념과 용기도 지니고 있었기 때문이다.

그런데 후계자인 자대숙은, 판단력은 있었으나 정말 중요한 신념과 용기가 부족했다. 그래서 무슨 일에서건 자신에 대한 평가에 지나치게 신경을 썼다. 이것은 이류나 삼류쯤 되는 정치가가 빠지기 쉬운 함정이다.

그래도 이런 정치가는 아직 괜찮은 편이다. 정말 질이 나쁜 정치가는, 정치는 거들떠보지도 않고 개인적인 인기를 모으기 위해 애쓴다. 도저히 구제할 수 없는 경우이다.

《채근담》에 '작은 은혜에 사로잡혀 큰일을 망치지 말라.'는 유명한 말이 있다. 사사로운 감정에 사로잡혀 대국적 판단을 그르쳐서는 안 된다는 의미이다.

'작은 은혜에 사로잡힌다.'는 말에는 여러 가지 의미가 담겨 있다. 개인적으로 은혜를 베푼다는 것이 기본적 의미이지만, 눈앞의 일밖에 생각하지 못하는 '사소한 선정(善政)'도 이에 포함된다.

예를 들어 선거철이면 자주 볼 수 있는 선심용 정책이나, 나아가서 대중에게 영합하는 '선심용 복지정책' 따위도 사사로운 은혜에 포함될 것이다.

여건이 허락한다면 그런 일에 눈을 돌려도 좋다. 그러나 진짜 중요한 것은 대국적 판단이다. 이러한 사실을 잊고 인기만 의식하는 것은, 분명 너그러움이 지나친 처사라고 하지 않을 수 없다.

송나라의 태종이나 자산의 경우는, 너그러운 정치를 펼치면서도 결코 대국적 판단을 그르치지 않았으며 기본 원칙에 충실했다. 기본적으로는 '엄격함'을 바탕으로 하되, 그것을 운용하는 것은 '너그러움'이었다. 따라서 그들이 취한 너그러움은 유연한 정치로 나타났던 것이다.

제나라에 관중이란 명재상이 있었다. 그도 경제정책에 힘을 쏟아 약소국이던 제나라를 단기간에 당시 최강국으로 급성장시켰는데, 그의 정치관은 더없이 유연했다.

그는 자신이 지은 《관자(管子)》에서 이렇게 말했다.

"백성이 바라는 것이 무엇인지를 살펴 그것을 들어주는 것, 이것이 정치의 요체이다. 백성이 바라는 것을 무시하는 정치는, 언젠가는 반드시 전복되고 만다."

그리고 또 그는, '받고자 하면 먼저 주도록 하라.'고도 말했다. 관중의 정치는 실제로 그러했다.

역사가인 사마천은 관중의 이러한 점을 다음과 같이 높이 평가했다.

"관중은 정책을 논의하는 경우, 어디까지나 실행면에 주안점을 두고, 또 백성이 무엇을 원하는가를 염두에 두어 그것을 철저히 정책에 반영시켰다."

이러한 자세야말로 영합과는 격이 다른, 진정한 의미의 유연함이라 할 수 있다.

제16장

옛 사람에게서
배우는
삶의 지혜

고전은
빼놓을 수 없는 교양서

어느 분야에서든 리더의 입장에 있는 자는, 고전을 읽음으로써 현실을 살아가는 지혜를 배양할 수 있어야 한다.

중국에서는 예로부터 정치에 종사하는 자, 넓게 말하여 사회의 지도자 입장에 있는 자는 높은 학문과 교양을 갖추지 않으면 안된다고 생각해 왔다. 그들이 말하는 학문과 교양이란, 다름 아니라 고전(古典)에 대한 소양을 말한다.

현실과는 좀 동떨어진 이미지를 주는 한국이나 일본의 고전과는 달리, 중국의 고전은 다음과 같은 3가지 특징을 지니고 있다.

1. 경세제민(經世濟民)

2. 응대사령(應對辭令)

3. 지도자론(指導者論)

요컨대 더없이 실천적 내용을 담고 있는 중국의 고전은 3천 년의 역사 속에서 이론적으로 무장하고, 정치가가 알아야 할 요령과 현실을 살아가는 지혜를 배양할 수 있도록 그 역할에서 수행했다고 할 수 있다. 사회의 지도자 입장에 있는 자는 이런 고전에 대한 교양이 결여되어서는 안 된다는 것이 중국인의 전통적인 인식이다.

유방의 경우를 예로 들어보자.

앞에서도 얘기한 것처럼, 그는 본디 이름도 없는 농민의 자식으로서 젊었을 때 일반 농민들이 해야 할 일을 제쳐 두고 유협의 세계에 몸을 던졌다. 태평스런 시대였다면 고작 작은 마을의 불량배 두목쯤으로 일생을 마쳤을 것이다.

그런데 그는 난세에 태어났기 때문에 곧 반란군의 지도자가 되었고, 마침내 중국의 황제가 될 수 있었던 것이다.

그러나 유방은 출신이 출신인 만큼, 변변한 학문이나 교양을 갖추었을 리가 없었다. 불량배 우두머리였을 때는 그래도 상관없었으나, 황제로서 그렇다는 것은 이야기가 다르다.

그래서 육가(陸賈)라는 신하가 유방의 가정교사를 맡게 되었다.

　육가는 황제인 유방에게 강의할 때마다, 정치에 관해서는 《시(詩)》와 《서(書)》가 너무나도 중요했기 때문인지, 그것만을 텍스트로 삼았다. 이 두 가지는 모두 당시의 기본 교양과목이었다. 이것을 강의한다는 것은 오늘날 말하는 제왕학을 강의하는 것과 같다.

　그런데 유방은 이내 진절머리가 났다. 참다못한 유방은 어느 날 육가에게 호통을 쳤다.

　"나는 말 위에서 천하를 차지했다. 번거롭게 《시》, 《서》따위는 내 알 바 아니다."

　그러자 육가가 말했다.

　"폐하께선 분명 마상(馬上)에서 천하를 차지하셨습니다. 그렇다고 말 위에서 천하를 다스리시럽니까? 저 탕왕(湯王)과 무왕(武王)을 보십시오. 그들은 각각 걸(桀)과 주(紂)를 무력으로 토벌하였으나, 천하를 차지한 다음에는 문(文)으로써 나라를 다스렸습니다. 문과 무를 함께 쓰는 것, 이것이 천하를 지키는 비결입니다. 옛적 오의 왕 부차(夫差)나 진(秦)은 살벌한 법으로 천하를 다스리다가 멸망을 자초하지 않았습니까? 진이 천하를 차지한 다음부터 인의(仁義)의 도를 펴면서 앞세대 성인들의 정치를 배웠더라면, 폐하께서 과연 진을 대신하여 천하를 차지하실 수 있었겠습니까?"

이에 대한 유방의 반응을 《사기》에는 다음과 같이 적고 있다.

기뻐하면서도, 한편으로는 부끄러워하는 빛이 뚜렷했다.

신하에게 거침없이 충고를 들었으니 결코 유쾌할 수 없었을 것이다. 그러나 유방은 상대방의 말이 조금도 틀리지 않았기 때문에, 황제라 하더라도 승복하지 않을 수 없었던 것이다.

역사를 모르는 자의 용기는
필부의 용기에 지나지 않는다

아무리 전투에 능하더라도 학문이 없고 교양을 갖추지 못하면 장수로서 높이 평가받을 수 없다. 그러므로 훌륭한 장수가 되기 위해서는 지난 역사를 잘 알아두지 않으면 안 된다.

유방과 같은 황제뿐 아니라 군무에 종사하는 장군에게도 학문과 교양은 불가결의 조건이었다.

삼국시대, 오의 손권을 섬긴 무장 가운데 여몽(呂蒙)이란 인물이 있다. 전투에 너없이 능한 그는, 손권에게 선투력을 인정받아 마침내 장군의 자리에까지 올랐다. 그런데 어렸을 적에 집이 가난했던 그는 학문을 닦을 여유가 없어 고전에 관한 교양이 전혀 없었다. 그러다

보니 많은 부하를 통솔하기에 부족한 점이 많았다.

어느 날 그런 점을 걱정한 손권이 그를 조용히 불러 이렇게 말했다.

"이제 자네도 중요한 지위에 올랐네. 조금씩 틈을 내어 학문을 닦아 자기 계발에 힘쓰도록 하게."

"군무에 바빠 그럴 틈이 있을지 모르겠습니다."

꽁무니를 빼려는 여몽에게 손권은 틈을 주지 않고 다그쳤다.

"학자가 되라는 소리가 아니네. 역사를 공부하라는 소리일세. 그리고 바쁘다고 했는데, 바쁘기로 치면 내가 훨씬 더 바쁘지 않은가? 그런데도 나는 조금만 틈이 나도 《시》,《서》,《예기》,《좌전(左傳)》,《국어(國語)》등을 익히고 있네. 왕이 된 뒤에도 《전국책》,《사기》,《한서(漢書)》, 더 나아가 여러 병법서를 가까이 하여 많은 것을 배웠다고 생각하네. 자네는 이해력이 뛰어나니 책을 읽으면 얻는 게 많을 걸세. 하물며 왜 공부를 하지 않는 것인가? 우선 《손자》,《육도》,《좌전》,《국어》,《국책》,《서기》,《한서》 등을 읽도록 하게. 공자도, '종일 밥을 먹지 않고 하룻밤을 꼬박 새우며 생각해 보았다. 그렇지만 도움이 되는 게 없었다. 배워서 아는 것에는 쫓아갈 수가 없다.'고 하지 않았는가? 후한의 광무제(光武帝)는 군무에 쫓기면서도 손에서 책을 놓아본 적이 없었네. 또한 조조는 나이를 먹을수록 학문이 즐겁다고 했네. 자네는 지금부터 시작해도 늦지 않네."

그런데 흥미로운 것은, 손권이 추천한 고전이 두 가지 계열의 책이라는 점이다. 《손자》, 《육도》등은 병법서이고, 《좌전》, 《국어》, 《전국책》, 《서기》, 《한서》등은 역사책이었다. 여몽은 장군이었기 때문에 손권이 병법서를 추천한 것은 당연하다 할 수 있다. 그러나 역사책을 권한 것은 어떤 이유에서일까?

중국의 역사책은 정치하는 방법, 전략전술, 혹은 인간관계에 관한 것 등 세상 온갖 일에 걸친 사례집(事例集)이라 할 수 있다.

요컨대 병법서는 싸움의 원리원칙을 정리한 책이다. 그렇지만 원리원칙만 마스터한다고 해서 무조건 싸움에서 이길 수 있느냐 하면 그렇지도 않다. 싸움에서 이기려면, 원리원칙을 마스터한 다음 한걸음 더 나아가 임기응변의 운용에 숙달할 필요가 있다. 그러기 위해서는 지난 역사를 잘 알아두지 않으면 안 된다. 손권이 병법서와 함께 역사책을 권한 것은 이러한 이유에서였다.

한편 여몽은 손권의 열띤 설득에 감동했는지, 갑자기 학자가 된 듯 공부에 열중하자 학문이 상당히 깊어졌다.

그런 어느 날, 선배 장군인 노숙(魯肅)이 전선에 가는 도중에 여몽의 둔영에 잠시 머물게 되었다. 노숙은 여몽을 변함없이 싸움만 잘할 뿐 무식한 자라고 생각하고 있었다. 그런데 막상 몇 마디 대화를 나눠보니 그게 아니었다. 전술전략에 관해 너무나도 밝은 여몽 앞에서 노숙은 말 한마디 제대로 할 수가 없었다. 너무나 감탄한 노숙은 엉겁결에 여몽의 어깨를 두드리며 이렇게 말했다.

"아우님은 싸움에만 능한 줄 알았더니, 이제 보니 학식도 여간 깊은 게 아니구려. 예전의 오하(吳下)의 아몽(阿蒙)이 아니오."

'오하의 아몽이 아니다.'라는 말은, 오나라 수도에 있던 때의 어리석은 여몽이 아니라는 뜻으로, 여몽의 변신을 극찬한 말이다. 예를 하나 더 들어보기로 하자.

송대에 적청(狄靑)이라는 장군이 있었다. 송대를 대표하는 명장 중한 사람인데, 이 사람은 참으로 그 예가 드문 병졸 출신의 장군이었다. 세상이 어지러운 때라면 몰라도, 왕조의 기반이 견고한 시대에 일개 병졸에서 시작하여 장군에까지 오른다는 것은, 중국 3천 년의 역사 속에서도 참으로 희귀한 경우라 하겠다.

적청이 두각을 나타낸 것은, 서쪽의 이민족인 서하(西夏)와의 전투에서였다. 당시 근위군의 졸병에 지나지 않던 적청은, 자원하여 서부전선에 뛰어들어 하급부대의 지휘관으로서 싸웠다.

그런데 송군의 다른 부대는 고전을 면치 못하여 후퇴하는데도 적청이 이끄는 부대만은 계속 승리하여 기세를 올렸다. 이러한 적청의 활약상은 총사정관인 범중엄(范仲淹)에게 알려졌고, 적청은 그의 추천에 의해 진급이 계속되더니, 마침내 장군의 지위에까지 오르게 되었다.

그런데 적청은 유방과 마찬가지로 이름도 없는 빈한한 집안 출신이어서, 젊었을 때 학문을 닦을 여유가 없었다. 아무리 전투에 능하더라도 학문이 없고 교양을 갖추지 못하면 높이 평가받을 수 없다는 사실을 대단히 애석하게 생각한 범중엄은, 어느 날 조용히 적청을 불러 다음과 같이 말했다.

"장수가 모름지기 고금(古今)을 모르면, 그의 용기는 필부의 용기에 지나지 않는다."

그러고는 꼭 읽어보라면서 《좌전》을 건네주는 것이었다.

춘추시대의 역사를 기록한 이 책은 치란흥망(治亂興亡)과 인간학의 사례집으로서, 예로부터 중국뿐 아니라 한국과 일본인들에게도 널리 애독되었다.

적청은 범중엄의 충고를 가슴 깊이 새겨들었던 듯하다. 그는 그후 독서에 열중하여 마침내 진한(秦漢) 이래의 모든 장수들의 병법에 능통했다고 한다. 그 결과, 그는 무략(武略)으로 싸우는 장수에서 지략으로 싸우는 장군으로 변신하고, 송대를 대표하는 명장의 대열에 들게 되었다.

늘 손에서
책을 놓지 않는 이유

학문과 교양을 갖추지 못한 리더는 사람들의 지지를 얻지 못한다.

중국의 재상은 문무백관의 우두머리로서 황제를 보좌하는 입장에 있었다. 장군이 학문과 교양을 갖추지 않으면 안 되었다면, 재상은 그 이상의 무엇인가를 갖추어야만 했을 것이다.

송대에 조보(趙普)라는 재상이 있었다. 그는 초대 태조(太祖) 때부터 2대 태종(太宗) 때까지 2대에 걸쳐 송의 기초를 굳건히 한 명재상이다. 조보의 특징은 발군의 실무 능력을 갖추었다는 점이다. 이것이 그가 2대에 걸쳐 중용된 이유인데, 반면 그는 학문적 교양이 부족했다.

다음은 그에 관한 일화이다.

태조는 어느 날, 그때까지 없었던 훌륭한 연호를 제정하고자 재상인 조보에게 그 일을 맡겼다. 조보는 여러 가지 이름을 놓고 궁리한 끝에 '건덕(乾德)'을 새 연호로 선정했다.

그런데 얼마 되지 않아, 우연한 기회에 그 연호는 이미 다른 지방국가에서 사용했던 것으로 밝혀졌다. 조보가 정한 연호는 훌륭한 이름임에 틀림없었으나, 일이 그렇게 되고 보니 조보의 체면이 말이 아니었다.

그 사실을 알게 된 태조는, '그래서 재상은 학문이 깊은 사람을 등용하지 않을 수 없는 거야.' 하고 탄식했다.

태조는 조보의 실무 능력을 높이 평가하여 재상에 앉혔으나, 그의 학문이 변변치 않은 것에 대해서는 일찍부터 안타깝게 생각했다. 그래서 기회가 있을 때마다 조보를 조용히 불러 책을 읽으라고 권했다.

조보도 깨달은 바가 있었는지, 만년에는 늘 손에서 책을 놓지 않고 독서에 힘썼다. 특히 조정에서 중요한 회의가 있기 전날에는 문갑에서 책을 꺼내어 밤늦게까지 읽었다.

조보가 죽은 뒤, 그의 부인이 문갑을 열어보니, 그 안에는 《논어》한 권이 들어 있었다고 한다. 조보는 《논어》를 숙독하여 시정(施政)에 참고했던 것이다.

지도자는 당연히 학문과 교양을 갖추어야 한다는 인식은 현대에서도 마찬가지이다.

만년의 모택동의 서재에 고전이 산더미처럼 쌓여 있었다는 것은 기억에도 새로우며, 주은래(周恩來)가 《논어》를 애독했다는 것도 널리 알려진 사실이다. 그들 역시 학문과 교양을 갖추지 못한 지도자는 사람들의 지지를 얻지 못한다는 사실을 잘 알고 있었던 것이다.

그러면 요즘 우리 주변의 정치가들은 어떤지 살펴보자.

우리는 흔히, '요즘 정치하는 사람들은 너무나도 공부를 하지 않는다.'는 말을 자주 듣게 되는데, 사실이 그렇다면 나라의 장래를 생각할 때 여간 걱정스러운 일이 아닐 수 없다.

국내에서 엎치락뒤치락 정치인끼리 싸우는 신분일 때는 그래도 괜찮다. 한 발짝만 밖으로 나가 다른 분야의 사람들이나 다른 나라의 사람들과 접촉할 때, 학문과 교양을 갖추지 못했다면 결코 존경받지 못할 것이다.

정치 세계뿐 아니라 비즈니스 세계에서도 마찬가지이다. 한 기업을 대표하는 사람이라면, 최소한 국내뿐 아니라 국외에서도 인정받는 인물이어야 할 것이다. 그러기 위해서는 학문을 넓히고 교양을 갖추기 위해 애써야 하지 않을까?

제17장

설득과
교섭의 기술

호랑이도
졸 때가 있다

교섭하거나 설득하는 데 만만치 않은 사람에게도 급소는 있게 마련이다. 그곳을 공격해 보라. 의외로 쉽게 상대방을 제압할 수 있을 것이다.

　중국에 '호랑이도 졸 때가 있다.'라는 속담이 있다.

　중국인에게 호랑이는 광포함을 상징하는 동물이다. 정면으로 싸워서는 도저히 이길 수 없는 존재인 것이다. 그런데 그런 호랑이도 방심하여 졸 때가 있으므로 바로 그때를 놓치지 않고 공격하라는 뜻이다.

　그와 마찬가지로, 교섭하거나 설득하는 데도 상대가 여간 만만치 않아 힘으로 누를 수도 없고 유혹할 수도 없는 경우가 있다. 그러나 그런 사람에게도 급소는 있게 마련이다. 그곳을 공격해 보라. 의외로 쉽게 상대방을 제압할 수 있을 것이다.

소진과 같은 시대에 활약한 세객 가운데 장의(張儀)라는 인물이 있다. 그는 초나라에 유세를 하러 갔으나 일이 마음먹은 대로 되지 않아 생활마저 어려워졌다. 막다른 곳에 몰린 그는 한 계교를 품고 초왕을 만났다.

"아무리 기다려도 제가 할 일은 없는 것 같습니다. 이제부터 진나라에 가볼까 합니다."

"그것도 괜찮을 것 같소."

"진나라 산물 중에서 꼭 갖고 싶으신 것은 없는지요?"

"우리나라에는 황금, 구슬, 상아, 무소뿔 등등 없는 것이 없소. 별로 갖고 싶은 게 없구려."

"여자도 많다는 말씀이신가요?"

"그것만은……."

"정나라나 진나라에는, 길에서 흔히 볼 수 있는 여자들도 먼 곳에서 온 사람한테는 마치 하늘의 선녀처럼 보일 만큼 아름다운 여자가 많습니다."

"우리나라는 중원에서 멀리 떨어져 있기 때문에, 아무래도 예쁜 여자들과는 거리가 멀다오. 부디 그런 여자를 구해 주기 바라오."

이리하여 장의는 초왕으로부터 미녀를 모집하는 데 필요한 자금을 듬뿍 받게 되었다. 여자라면 사족을 못 쓰는 초왕의 약점을 공격

하여 멋지게 성공한 것이다.

예사 세객이면 이것으로 끝났을 것이다. 그런데 역사에 남는 세객답게, 장의의 수읽기는 깊었다. 그는 초왕뿐 아니라 초왕이 거느린 여자들의 마음의 움직임까지도 정확하게 예측하고 있었다.

당시 초왕에게는 남후(南后)와 정수(鄭袖)라는 두 총비(寵妃)가 있었는데, 장의가 초왕으로부터 부탁받은 내용이 알려지자 즉시 남후가 장의에게 사람을 보냈다.

"선생께서 진나라로 가신다는 소식을 듣고 남후께서 이렇게 황금 500근을 보내셨습니다. 부디 여비에 보태 쓰시기 바랍니다."

정수 역시 황금 500근을 보내왔다. 말할 것도 없이 중원의 여자를 데려오지 말라는 무언의 부탁이었다.

장의는 떠난다는 인사를 하기 위해 다시 초왕을 만났다.

"여러 나라를 돌아다니는 몸이어서 언제 다시 만나 뵙게 될지 모르겠습니다. 이별의 잔을 받고 싶습니다."

"좋소."

장의는 잠시 후 정중하게 이렇게 말했다.

"두 사람만의 자리여서인지 왠지 허전합니다. 부디 아끼시는 분의 잔을 받을 수 있도록 해주십시오."

"그렇게 하겠소."

초왕은 즉시 남후와 정수 두 사람을 불러 장의에게 술을 권하라고 했다. 장의는 두 사람을 놀란 눈빛으로 바라본 다음 황급히 말했다.

"참으로 큰 죄를 지었습니다."

"무슨 말씀이오?"

"저는 천하를 구석구석 돌아다녀 보았으나 이렇게 아름다운 분들은 아직 본 적이 없습니다. 그것도 모르고 감히 미인을 구해 드린다는 약속을 드렸습니다."

"아니오, 신경 쓰지 마시오. 나도 실은 천하에 이 두 사람보다 아름다운 사람은 없다는 것을 알고 있었소."

이렇게 해서 장의는 초왕과 그의 두 총희로부터 아무 대가도 치르지 않고 노자를 듬뿍 얻을 수 있었다. 그것은 여자를 좋아하는 초왕의 약점뿐 아니라 남후와 정수, 두 여자의 미묘한 심리까지도 빈틈없이 계산했기에 가능한 일이었다.

설득과 교섭의
5가지 방법

첫째, 상대방의 약점을 찾아라. 둘째, 상대방의 자존심을 세워주어라. 셋째, 상대방의 의표(意表)를 찔러라. 넷째, 상대방에게 이익이 된다는 사실을 강조하라. 다섯째, 끈질기게 물고 늘어져라.

그러면 여기서, 교섭과 설득에 관한 효과적인 방법을 고전을 통해 알아보도록 하자.

1. 상대방의 약점을 찾아라.

교섭하고 설득하는 데 무엇보다 요망되는 것이 적극적으로 공격하는 자세이다. 그러나 적극적이라 하여 무턱대고 돌진하라는 뜻은 절대 아니다. 《손자》에 이런 말이 있다.

'상대를 알고 나를 알면 백 번 싸우더라도 위태롭지 않다.'

상대방에 대해 잘 알고 공격하면 그만큼 성공할 확률이 높다는 뜻이다. 그렇다면 과연 상대방의 어떤 점을 알아야 할까?

인품, 가정환경, 취미, 일 등에 대해서 알아두는 것도 좋겠지만, 무엇보다 상대방의 약점에 대해 알아두는 것이 중요하다. 《전국책》에 이런 이야기가 실려 있다.

제나라의 장추(張丑)라는 신하가 연나라에 인질로 잡혀갔다. 그런데 두 나라 관계가 험악해지자, 인질인 장추의 생명이 위태롭게 되었다. 그는 연나라에서 도망치려 했는데, 운이 사납게도 국경에서 병사에게 잡히고 말았다.

장추는 병사에게 이렇게 말했다.

"연나라 왕이 나를 죽이려 하는 것은, 내가 연나라의 값진 구슬을 가지고 있다고 밀고한 자가 있기 때문이네. 나는 그 보물을 갖고 있지 않네. 그렇지만 연나라 왕은 그것을 믿지 않는다네. 지금 자네가 여기서 나를 잡아 왕에게 바치면, 나는 왕에게 이렇게 말할 수밖에 없네. 자네가 그 구슬을 빼앗더니 꿀꺽 삼키더라고 말일세. 그러면 왕은 틀림없이 자네의 배를 갈라 창자 구석구석까지 뒤질 걸세. 성질이 불 같고 욕심 사나운 왕이 자네의 변명 따윌 들으려고 할까. 물론나도 죽겠지. 자네의 창자를 갈가리 찢어놓았으니 어찌 살기를 바랄 수 있겠는가?"

장추의 말에 겁이 난 병사는 그를 놓아주고 말았다. 결국 장추는 무사히 제나라로 돌아올 수 있었다.

이 얘기는 상대방의 약점을 공격하여 성공을 거둔 전형적인 예라 할 수 있는데, 급소를 공격하는 것은 교섭이나 설득을 위해서 자주 사용되는 방법 중 하나이다.

2. 상대방의 자존심을 세워주어라.

급소는 사람마다 다르다. 그런데 모두에게 공통되는 급소가 하나 있다. 바로 자존심이다. 예외적으로 자존심이 없는 인간도 없는 것은 아니지만, 일반적으로 보통 사람이라면 누구나 자존심이 있게 마련이다. 자존심을 충족시켜 주는 것이 인간관계를 돈독하게 하는 두 번째 포인트이다.

자존심을 충족시켜 준다는 것은, 요컨대 아부를 뜻한다. 그렇지만 직선적으로 무조건 상대방을 치켜세우라는 것은 아니다. 빤히 속이 들여다보이는 아부는 오히려 역효과를 낼 수도 있다. 기회를 보아 적절히 사용하지 않으면 안 되는 것이다.

그 좋은 예가 제7장에서 소개한 유방과 한신의 대화이다. 간략하게 다시 한 번 소개하겠다.

어느 날 유방과 한신 두 사람이 다른 장군들에 대한 품정(品定)을 했는데, 서로 의견이 맞지 않았다. 유방이 물었다.

"그러면 나는 몇만쯤 되는 병졸을 거느릴 수 있다고 생각하는가?"

"폐하는 기껏해야 10만 정도일 것입니다."

"그렇다면 자네는?"

한신이 대답했다.

"신은 많으면 많을수록 좋습니다."

유방은 고소를 금치 못하면서 물었다.

"많으면 많을수록 좋다는 자네가 왜 내게 잡혔지?"

유방의 물음에 한신은 이렇게 대답했다.

"폐하께서는 병졸을 지휘하는 장수로는 능하지 못하십니다. 그런데 장수를 부리는, 장수들의 우두머리로서는 더없이 훌륭하십니다. 제가 폐하께 사로잡힌 이유가 바로 여기에 있사옵니다. 참으로 폐하께서는 하늘이 내신 분이시어, 그 능력이 사람과는 같지 않습니다."

한신은 자신의 능력을 뽐내는 듯했으나, 사실은 은근히 유방의 자존심을 추켜세워 준 것이다.

3. 상대방의 의표(意表)를 찔러라.

정공법으로는 좀처럼 목적을 달성할 수 없는 경우가 있다. 그럴 경우 상대방의 의표를 찔러보아라. 생각하지 않던 효과를 거둘 수도 있을 것이다. 다음은 《전국책》에 실려 있는 이야기이다.

전국시대, 제나라의 정곽군(靖郭君)이 영지의 한 궁벽한 곳에다 성을 쌓으려 했다. 그런데 신하들이 쉴사이없이 드나들며 중지하라고 진언했다. 정곽군으로서는 그런 진언이 달갑지 않았다. 그래서 그는 다음과 같이 분부했다.

"그 누가 오더라도 만나지 않겠다."

그런데도 만나기를 청하는 자가 있었다.

"세 마디만 하렵니다. 그 이상 떠들면 가마솥에 넣어 삶아 죽이셔도 좋습니다."

그러고는 물러가지 않고 끈질기게 버티는 것이었다. 정곽군은 하는 수 없이 만나보기로 했다.

"해(海), 대(大), 어(魚)."

그 남자는 잠시 안으로 들어와서는 이렇게 외친 다음 그대로 달아나려 했다. 그야말로 세 마디였다. 정곽군은 순간적으로 깜짝 놀라 엉겁결에 그 남자를 불러 세웠다.

"전 죽고 싶지 않습니다."

"걱정하지 말고 무슨 소린지 자세히 이야기해 보라."

남자가 말했다.

"큰 물고기를 알고 계시지요. 그 물고기는 너무 커서 그물에 걸리지 않습니다. 낚시로 잡을 수도 없습니다. 그런데 그렇게 큰 물고기라도 물을 떠나면 땅강아지나 개미의 밥이 되고 맙니다. 폐하께 제나라는 물과 같습니다. 이곳에만 계시면 그런 곳에 성을 쌓지 않으

셔도 됩니다. 만일 제나라를 떠나신다면 하늘 끝까지 성을 쌓더라도
아무 소용이 없을 것입니다."

그의 말을 들은 정곽군은 성을 쌓는 것을 그만두라고 명령했다.

이 이야기의 핵심은 '해, 대, 어'를 생각해 내고, 그것으로 면회 사
절의 벽을 돌파한 점에 있다.

《손자》도, '적의 허술한 곳을 포착하여 의표를 찔러야 한다.'고 승리
의 비결을 설명하고 있다. 특히 만만치 않은 상대여서 힘으로 누르
기도 어렵고 설득하기도 어려울 때는, 이 방법으로 공격하는 것이 한
방법이 될 수 있을 것이다.

4. 상대방에게 이익이 된다는 사실을 강조하라.

교섭이나 설득 등 대화를 통하여 인간관계를 쌓아나가기 위해서,
또는 자신이 목적한 바를 위해서 상대방의 어떠한 요구에도 고분고
분 따르고 무슨 일이건 머리를 숙여야 한다는 것은 아니다. 그렇다
고 하여 판에 박은 듯이 격식을 차리는 말로 이쪽의 사정만을 지껄
여대는 것도 옳지 않은 방법이다.

'설득의 어려움'이란, 상대방의 마음을 읽은 다음 이쪽의 의사를 그에
맞추는 것이라고 할 수 있다. —《한비자(韓非子)》

'매우 어려워하고 쩔쩔매는 태도를 보여도 어느 정도 효과는 있다. 그러

나 진짜 솜씨 좋은 교섭자는, 일의 추이만을 설명하고 상대방으로 하여금 즉시 반응을 보이도록 할 뿐 요란스럽게 떠들지 않는다. —《전국책》

관심이 없는 상대방을 설득하려는 것은, 식욕을 잃은 사람에게 밥을 억지로 먹이려는 것과 마찬가지로 여간 어려운 일이 아니다. 그러므로 상대방이 어떤 일에 관심을 갖고 있는지 잽싸게 알아차린 다음, 그에 맞춰 설득해 나가는 것이 바람직하다.

그런데 일반적으로 사람마다 관심을 가지고 있는 대상이 다르게 마련이다. 그런데 단 하나, 모든 사람이 공통적으로 가지고 있는 관심의 대상이 있다. 그것은 다름이 아니라 바로 이익이다. 자신에게 어떤 이익이 있는지를 모든 사람들은 늘 생각하고 있는 것이다. 이것은 태고로부터 오늘에 이르기까지 변치 않는 진리이다.

따라서 상대방에게 이익이 된다는 사실을 상기시키는 것, 이것이 설득과 교섭을 성공시키기 위한 가장 중요한 열쇠이다.

5. 끈질기게 물고 늘어져라

설득이나 교섭을 성공시키기 위해 비장해야 할 무기가 있다면, 바로 투견처럼 끈질기게 물고 늘어지는 근성이리라. 한 번, 두 번 실패하더라도 단념하지 말라. 세 번, 네 번 계속 끈질기게 시도하라.

실례를 들어보자.

송시대에 재상이었던 조보가, 언젠가 어떤 사람을 관리로 추천했

는데 황제가 이를 받아들이지 않았다. 조보는 다음날 다시 그 일을 거론하고 재가해 주기를 청했다. 황제는 또 거절했다. 그러자 조보는 그 다음날 다시 그 일을 들먹였다.

조보의 태도에 화가 난 황제는, 그가 내미는 서류를 그대로 책상 위에 던져버렸다. 그런데도 조보는 포기하지 않았다. 낯빛 하나 변하지 않고 여기저기 흩어진 서류를 모아 집으로 돌아온 그는 추천장의 내용을 고쳐 다음날 다시 제출했다.

너무나도 끈질긴 조보의 태도에 질려버린 황제는 어쩔 수 없이 조보가 추천한 사람을 관리에 앉히고 말았다.

또 언젠가는 조보가 부하의 승진을 주청(奏請)한 적이 있는데, 황제는 그 사람을 별로 좋아하지 않아 허락하지 않았다. 조보는 그의 타고난 천성을 유감없이 발휘하여, 끈질기게 그자의 승진을 주청했다. 익히 조보의 성격을 잘 알고 있던 황제는, 도피하듯 침실이 있는 궁전으로 향했다. 그런데 이번에도 조보는 결코 물러서지 않았다. 즉시 황제의 뒤를 쫓아가, 궁전 밖에 선 채 떠나지 않았던 것이다. 황제는 결국 조보의 청을 들어주고 말았다.

조보의 방법은 약간 지나친 감이 없지도 않지만, 이렇게 끈질긴 근성이 없었다면 결코 상대방을 자신의 의지대로 움직일 수 없었을 것이다. 물론 끈질겨야 한다고 하지만 어느 정도 한계가 없는 것은 아니다. 끈질기게 물고 늘어지는 방법은 상대방을 잘 알고 난 다음 쓸 수 있는 방법이다. 무턱대로 누가 더 끈기가 있나 시합하듯 버티다가는 오히려 역효과를 불러들일 수 있으므로 상황에 따라 신중하게 행동하지 않으면 안 된다.

이때 중요한 것은, 끈질기게 물고 늘어지되 상대방의 반감을 사지 않을 정도여야 한다는 점이다.

인간관계를 유지하는
5가지 방법

첫째, 경솔하게 약속하지 마라. 둘째, 말이 많은 것을 경계하라. 셋째, 사람들에게 관용을 베풀라. 넷째, 긴밀한 접촉을 지속하라. 다섯째, 예의를 잃지 마라.

교섭에 성공하여 인간관계를 쌓게 되었다면, 그 다음 문제는 어떻게 해야 그 관계를 원활하게 유지해 나갈 수 있는가 하는 것이다. 갖은 고생 끝에 관계를 갖게 되었다 하더라도, 애프터케어(aftercare)를 소홀히 하면 모처럼 쌓은 인간관계는 그대로 무너지고 만다.

그러므로 인간관계를 유지하기 위해서는 처음 관계를 맺기 위해 노력한 것과는 다른 노력이 필요하다. 다음은 인간관계를 유지하는 방법에 대해 요약해 놓은 것이다.

1. 경솔하게 약속하지 마라

인간관계를 성립시키는 기본은 '믿음'이다. '믿음'이란 약속을 지키는 것을 뜻한다. '믿음'이 없다면 이미 인간의 자격을 상실한 것이나 마찬가지이다.

'믿음'을 좀더 알기 쉽게 말한다면 성실, 또는 성의라 할 수 있지 않을까? 성실함이 부족한 인간, 말만 번지르르하게 잘하고 약속은 지키지 않는 인간이 다른 사람들로부터 신뢰를 받을 리가 있겠는가?

공자도 《논어》에서 '사람으로서 믿음이 없으면 어디다 써야 될지 알 수가 없다.'고 하여, '믿음'이 없는 인간은 아예 사람 축에도 넣어 주지 않았다.

공자의 제자인 증자(曾子)는 늘 자신을 반성했는데, 특히 다음과 같은 점에 관해 신경을 많이 썼다.

"나는 사람들로부터 신뢰받고 있는데, 나는 그들을 위해 진정 애를 썼는가? 친구들에게 성실하지 않은 태도를 보이지는 않았는가? 나 자신도 잘 모르는 것을 사람들에게 가르치려 하지는 않았는가?"

이것들은 하나같이 인간관계를 원만히 유지하기 위해서 꼭 필요한 것이라고 할 수 있다.

우리들이 '믿음' 때문에 곧잘 실패하는 것은, 대부분의 경우 경솔하게 약속을 남발하기 때문이다. 자신의 직책이나 능력으로는 도저히 처리할 수 없는데도 호기를 부려가며, '그런 일이라면 제가 잘 알고 있죠.'라든가, '무슨 일이든지 맡겨만 주세요.'라고 말해 버리고는 나중에야, '그런데 말입니다. 그게……'라면서 꽁무니를 빼는 경우가 적지 않다.

《노자》에 이런 말이 있다.

'쉽게 허락한 것일수록 믿기 어렵다.'

쉽게 허락한다는 것은 경솔하게 약속을 남발한다는 뜻이다.

경솔하게 약속하지 마라. 이것이 인간관계를 원활하게 유지하기 위한 첫 번째 조건이다.

2. 말이 많은 것을 경계하라.

자신의 의사를 전하는 수단으로 가장 많이 사용되는 것이 말이다. 말하는 요령을 모르고서는 결코 좋은 인간관계를 유지할 수가 없다.

우리 주변에는 일상생활의 인사조차도 제대로 할 줄 모르는 사람이 많다. 상대방이 친한 친구거나 집안사람이라면 그런 결례쯤은 눈감아주기 때문에 별문제가 되지 않을 수도 있다. 그런데 전연 모르는 사람과의 대면이라든가, 비즈니스 관계에서 그런 일이 있다면 결코 좋은 결과를 기대할 수 없을 것이다. 그러므로 최소한의 '응대사령(應對辭令)' 정도는 알아둘 필요가 있다.

그렇다면 다변(多辯), 혹은 능변(能辯)이 대인관계를 유지하는 데 꼭 필요할까? 결론부터 말하자면 꼭 그렇지만은 않다. 오히려 지나친 다변과 능변은 역효과를 불러올 수도 있다. 왜냐하면 다변이나 능변에는 왠지 모르게 성실함이 부족한 듯하고, 다변가나 능변가는 자칫 경박한 인상을 줄 수 있기 때문이다.

《노자》에 이런 말이 있다.

'말이 많을수록 궁지에 빠지기 쉽다.'

'믿을 만한 말은 꾸밈이 없고 소박하다. 아름답게 꾸미는 말일수록 믿기 어렵다.'

요컨대 말만 잘하는 사람이 될 필요는 조금도 없다. 필요한 때에 필요한 말을 할 수 있으면 된다. 다변이나 능변은 인간관계에 나쁜 영향을 줄 수도 있다는 것을 알아두기 바란다.

3. 사람들에게 관용을 베풀라.

인간관계를 원활하게 유지하는 세 번째 비결은, 자신에게는 엄격하게 대하고 남들에게는 관용으로 대하는 것이다.

인간의 본성은, 자칫하면 자신에게는 관대하고 남에게는 엄하기 쉽다. 혹 자신에게도 관대하고 남에게도 관대한 사람이 있는데, 그래서도 바람직한 인간관계를 유지하기 어렵다. 될 수 있는 대로 자신에게는 혹독할 정도로 엄격한 것이 인간관계를 원활하게 유지하는 비결임을 잊지 말기 바란다.

인생의 바른길을 제시해주는 책으로 유명한 《채근담》에 이런 글이 있다.

남의 과실에 대해서는 관대하라. 그러나 자신의 과실에 대해서는 엄격하지 않으면 안 된다. 자신의 고통은 이를 악물고 참아라. 그렇지만 고통 받는 사람이 있으면 그냥 지나치지 마라.

또 공자도 《논어》에서 이렇게 말했다.

"자신에게는 엄격하고 남에게는 너그러운 태도를 갖도록 하라. 그렇게 하면 대인관계에서 원한은 생기지 않을 것이다."

4. 긴밀한 접촉을 지속하라

'떠난 자는 날이 갈수록 잊혀지게 마련이다.'라는 말이 있다. 모처럼 성립된 인간관계를 계속 유지하기 위해서는 각별한 노력이 필요하다는 뜻이리라.

예를 들면 계절에 따른 의례적인 인사일망정 빠뜨리지 않는다든가, 일로써 번거로움을 주었을 때는 반드시 격식을 차린 감사의 편지를 보낸다든가, 또는 길흉 대소사에는 빠짐없이 참석해야 한다. 이러한 마음가짐과 행동이 있어야만이 돈독하고 원활한 인간관계를 유지할 수 있다.

《장자》에 '무용지용(無用之用)'이란 말이 나온다. 별로 쓸모가 없다고 생각되는 것일수록 사실은 매우 쓸모가 있다는 발상이다.

크리스마스카드나 연하장 등은 어찌 생각하면 낭비인 듯하지만 카드 한 장, 간소한 선물 한 꾸러미가 인간관계의 좋고 나쁨을 좌우할 수도 있다는 사실을 잊어서는 안 된다.

5. 예의를 잃지 마라

친한 사이일수록 예의를 잃어서는 안 된다. 인간관계를 오래 유지하기 위한 비결 중 하나는, 아무리 친한 사이라 하더라도 최소한의 예의는 지키는 것이다.

예의란 도대체 무엇을 말하는 것일까? 《예기》에는 다음과 같이 정의하고 있다.

예의는 몸가짐을 단정하게 하며, 낯빛을 부드럽게 하고, 사람을 대할 때 법도에 어긋나지 않게 하는 것으로부터 시작된다.

요컨대 몸가짐, 얼굴빛, 대화, 이 3가지에 마음을 쓰는 것이 예의의 기본이라는 것이다.

친하다 하여 무례한 짓을 서슴지 않고 거친 말을 마구 하는 짓은 삼가지 않으면 안 된다. 이것도 인간관계를 오래, 원활하게 유지하기 위한 비결의 하나이다.

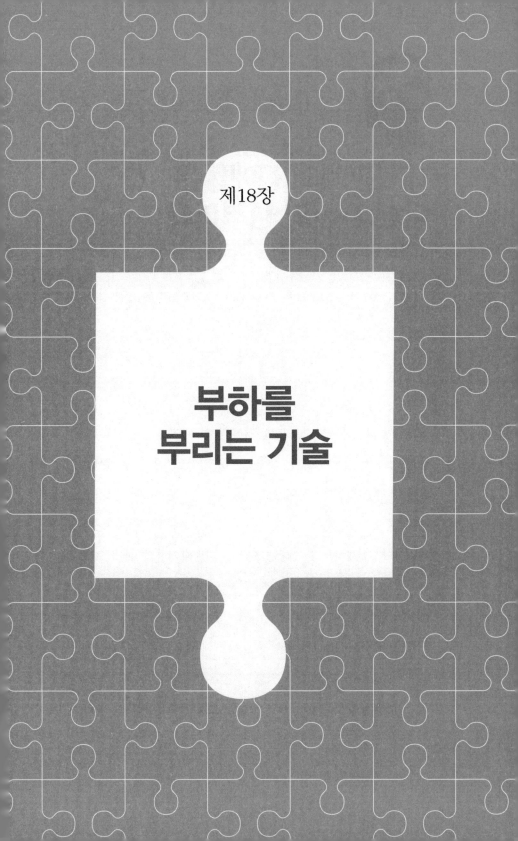

제18장

부하를
부리는 기술

대인관계의 장애물은
당신 자신의 성격이다

'법(法)'이 없으면 군주는 인민을 통제할 수가 없고, '술(術)'이 없으면
눈과 귀가 없는 것과 같다. '법'과 '술'은 그 어느 하나도 없어서는 안
되는, 제왕에게는 불가결의 요소이다.

비즈니스 세계에서 활동하는 친구들의 말에 의하면, 중국 고전 가
운데서는 뭐니뭐니해도 《한비자》와 《손자》가 가장 재미있고 인기가
많다고 한다.

《손자》에 대해서는 지금까지 수없이 논해 왔으므로 일단 보류해두
고, 우선 《한비자》에 대해 알아보자.

《한비자》가 이처럼 인기 있는 이유는 무엇일까? 한마디로 잘라 말

한다면, 《한비자》는 인간관계의 기미(機微)를 예리하게 파악하여 밝히고 있는데, 그것이 어지러운 세상을 살아가는 비즈니스맨에게 신선한 매력을 주기 때문이리라.

《한비자》의 저자인 한비(韓非)는, 춘추전국시대에 꽃핀 갖가지 사상유파─제자백가(諸子百家)─가운데 법가(法家)에 속하며, 그 대표적인 인물로 손꼽힌다.

한비에 앞서 활약한 법가의 사상가나 정치가는 크게 두 계통이 있다. 하나는 진(秦)의 상앙(商鞅)을 중심으로 하는 무리로, 그들은 '법(法)'을 중시했다. 다른 한 계파는 한(韓)의 신불해(申不害)를 중심으로 한 무리로, 그들은 '술(術)'을 중시했다.

한비는 이들 두 계파의 사상을 집대성하여 '법가'의 이론을 완성했다. 따라서 《한비자》이론의 핵심은 '법'과 '술'이다. 한비는 이 두 가지야말로 조직 관리의 근본원칙이라고 주장했다. 법가의 사상가나 정치가를 '법술가(法術家)'라고도 칭하는 것은 바로 이 때문이다.

그렇다면 한비가 말하는 '법'과 '술'이란 과연 어떤 것일까?

'법'이란 정부가 공표한 인민의 행동규범이다. 이를 지키면 상을 받고, 이를 어기면 벌을 받는다는 것을 명심해야 한다.

'술'이란 군주가 신하의 능력에 따라 관직을 주고 그에 걸맞는 실적을 올리게 하는 것이다. 군주는 술로써 부하의 목줄기를 누르며, 그들의 능력을 점검하지 않으면 안 된다.

'술'이 없으면 군주는 눈과 귀가 없는 것과 같고, '법'이 없으면 인민을 통제할 수가 없다.

'법'과 '술'은 그 어느 하나도 없어서는 안 되는, 제왕에게는 불가결의 요소이다. ―《한비자》 정법편(定法篇)

이상의 인용문으로도 명확히 알 수 있듯이, '법'이란 오늘날의 법률이나 법령과 비슷하며, '술'이란 부하를 통솔하는 방법 또는 조직을 관리하는 방법을 가리킨다.

그리고 한비는 이 '술'의 내용을 여러 각도에서 분석·해설하고 있는데, 그것이《한비자》를 읽는 재미의 원천이라고 할 수 있다. 즉 '술'이야말로《한비자》이론의 핵심인 것이다.

'술'을 제일 먼저 부르짖었던 신불해는 '술'에 대해 다음과 같이 말했다.

군주가 자신의 현명함을 드러내면, 신하는 이에 대비하여 경계를 늦추지 않는다. 반대로 군주가 자신의 현명함을 드러내지 않으면, 신하는 어떻게 대처해야 할지 갈피를 잡지 못한다. 군주가 자신의 지모를 드러내면, 신하는 실력 이상의 존재로 자신을 꾸며낸다. 반대로 군주가 지모를 드러내지 않으면, 신하는 자신들의 본심을 감춘다. 군주가 무욕함을 드러내면, 신하들은 슬며시 자신들의 속마음을 드러낸다. 반대로 군주가 자신의 탐욕스러움을 드러내면, 신하는 얼씨구나 하고 당장 자신들의 이익을 챙긴다. 따라서 군주가 신하의 마음을 아는 것은 쉽지 않다. 오로지 무위(無爲)여야만이 알 수가 있다."

"군주는 말을 삼가지 않으면 안 된다. 그렇지 않으면 신하에게 속마음을 보여주고 만다. 군주는 행동을 조심하지 않으면 안 된다. 그렇지 않으면 신하에게 허점을 보이게 된다. 군주가 자신의 지모를 드러내면 신하는 본심을 감추고, 군주가 지모를 감추고 있으면 신하는 군주의 속마음을 떠보려고 애쓴다. 신하는 군주가 현명하다고 판단되면 자신의 결점을 드러내지 않으려고 애쓰고, 현명하지 않다고 판단되면 위압적인 태도로 왕권을 위협한다. 그런 까닭에 군주는 무위여야만이 신하의 동정을 알 수가 있다.

군주, 요컨대 우두머리가 부하를 부리려면 자신의 속마음을 부하에게 읽혀서는 안 되며, 또 그러기 위해서는 철저하게 '무위'여야 한다는 것이다.

여기서 말하는 '무위'는 본디 《노자》에 나오는 말로서, '도가(道家)'에서 주장하는 처세철학이다. 그런데 무위란 왕왕 그릇되게 해석되는 것처럼 '전혀 아무것도 하지 않는 것'이 아니다. 도가에서 주장하는 무위는, 전혀 아무것도 하지 않는 가운데 무시무시한 권모술수를 숨기고 있는 것이다. 바로 그 권모술수가 신불해가 말하는 '술'임에 틀림없다.

한비 자신도 이렇게 말했다.

"술이란, 군주가 가슴속에 품고 상황에 따라 남모르게 사용하여 하를 부리는 기술이다. ……술을 사용하는 것을 다른 사람들이 알아서는 안 된다."

　'법'이 명문화된 원리 원칙이라면, '술'은 인간관계를 지배하는 비결
인 셈이다.

부하를 다스리기 위한 5가지 방법

첫째, 부하의 말이 사실인지 아닌지 반드시 확인하라. 둘째, 법을 어긴 자에게는 반드시 벌을 주어 군주의 위엄을 보여라. 셋째, 공로자에게는 반드시 상을 주어 사기를 진작시켜라. 넷째, 각자의 말에 주의하고, 말한 것에 대해선 꼭 책임을 지워라. 다섯째, 눈치 채지 못하게 상대를 시험하라.

한비는 부하를 부리기 위한 방법으로 우선 두 가지 큰 원칙을 세웠다. 첫째는 상벌을 주는 권한을 철저하게 장악하는 것으로, 그에 관해 다음과 같이 설명했다.

"군주가 상벌을 집행하는 권한을 스스로 행사하지 않고 신하에게 넘겨주면, 백성들은 그 신하만 두려워할 뿐 군주를 만만하게 본다. 즉 백성들의 마음이 군주로부터 떠나 그 신하에게로 모여드는 것이다."

"군주는 상과 벌이라는 두 칼자루를 쥐고 그것을 마음껏 휘두름으로써 신하를 부릴 수 있다. 만일 군주가 이 두 개의 칼자루를 쥐지 못해 신하가 그것을 사용하게 되면, 군주가 오히려 신하에게 부림을 당하고 만다."

부하를 부리기 위한 두 번째 방법은 '형명참동(刑名參同)'이다. '형'이란 실적을 말하며, '명'이란 직무를 말한다. 그리고 '참동'은, 완전히 일치하는지 어떤지 조사한다는 뜻이다. 즉 '형명참동'이란, 직무와 실적이 일치하면 상을 주고 일치하지 않으면 벌을 준다는 것이다. 이에 관해 한비는 다음과 같은 예를 들어 설명했다.

옛날 한(韓)의 소후(昭侯)가 술에 취해 의자에 앉은 채 깊이 잠든 적이 있었다. 그 모습을 본 소후의 관(冠)을 보살피는 자가 감기에 들 것을 걱정하여 이불을 가져다 덮어주었다. 얼마 후 잠에서 깬 소후는 이불을 보고는 매우 고맙게 생각했다.

"누가 이불을 가져다 덮어주었을까? 그래, 관을 보살피는 자임에 틀림없어."

소후는 즉시 관을 보살피는 자와 침실의 이불 관리를 맡은 자를 불렀다. 그러고는 두 사람 모두에게 벌을 주었다. 이불 관리를 맡은 자에게 벌을 준 것은 직무를 태만히 했기 때문이고, 관을 보살피는 자에게 벌을 준 것은 자신의 직무가 아닌 일까지 했기 때문이었다. 감기에 걸리는 것이 걱정스럽지 않은 것은 아니다. 그러나 소후는 신하가 자신의 직무 외의 일을 하는 것이 자신이 감기에 걸리는 것보다 더 나쁘다고 생각했던 것이다. 이러한 소후를, 한비는 '형명참동'을 실천한 이상적인 지도자라고 극찬했다.

한비는 이상의 두 가지 원칙에 입각하여 부하에 대한 '술'의 사용법, 즉 부하를 다스리는 방법을 5개 항목으로 나누어 설명했다. 여기에는 냉철하기 짝이 없는 한비 철학의 정수가 모여 있다.

1. 부하의 말이 사실인지 아닌지 반드시 확인하라.

위나라의 방공(龐恭)이란 중신이 태자와 함께 조나라에 인질로 가게 되었다. 출발할 때가 되자 방공은 위왕에게 다짐했다.

"누군가가 '길에 호랑이가 나타났다.'고 하면 믿으시겠습니까?"

"믿지 않겠네."

"다른 사람이 나타나 다시 그런 말을 한다면……."

"아냐, 믿지 않아."

"그렇다면, 다시 다른 사람이 나타나 그런 말을 한다면 어떻게 하시겠습니까?"

"그렇다면 믿게 될지도 모르겠네."

"이국에 나가 있는 동안 저를 비판하는 자가 세 명만이 아닐 것입니다. 그들의 말에 귀를 기울이셔서는 안 됩니다."

"잘 알았네. 염려하지 말게."

그러나 방공이 볼모에서 풀려나 귀국하자, 대세를 좇은 위왕은 다시는 방공을 가까이 하지 않았다.

요컨대 부하의 말을 듣더라도, 그 말이 사실인지 아닌지 확인하지 않고서는 진실인지 어떤지 알 수가 없다. 또 한 사람의 말만을 무턱대고 믿는다는 것은 장님과 다를 바 없음을 명심하라.

2. 법을 어긴 자에게는 반드시 벌을 주어
군주의 위엄을 보여라.

옛날 여수(麗水)라는 내[川]에서 금이 나왔는데, 그 금을 몰래 채취하는 자가 많았다. 금을 몰래 채취하는 것은 엄격히 금지되어 있었고, 만일 그런 것을 하다 잡히면 엄벌에 처해졌다. 그런데도 금을 훔치는 자가 없어지지 않았다. 그것은 요행히 잡히지 않는 자가 있기 때문이었다.

그런데 만일 '너에게 천하를 주겠다. 그 대신 목숨을 버려라.'고 한다면, 아무도 나서지 않을 것이다.

틀림없이 죽는다는 것을 알면, 천하가 아니라 더한 것을 준다 해도 나설 바보는 없을 것이기 때문이다. '틀림없이 ……된다.'는 사실, 바로 이 점이 중요하다.

3. 공로자에게는 반드시 상을 주어 사기를 진작시켜라.

어느 마을에, 어버이의 상을 당하여 극진히 상례를 치르고 너무나 슬퍼한 나머지 몸이 쇠약해진 자가 있었다. 부모를 생각하는 마음이 지극하다 하여 나라에서는 그자에게 상금뿐 아니라 벼슬까지 주었다. 그러자 다음해에는, 상을 치르면서 슬퍼하다 죽는 자가 속출했다. 자식이 어버이의 상에 정성을 다하는 것은 육친에 대한 자연스러운 사랑이라 할 수 있는데은상(恩賞)으로써 장려한 것이다.

부하의 사기를 진작시키는 것도 이와 같은 이치이다. 요컨대 상이 박하고 기대할 만한 것이 없으면 부하들은 적극적으로 일하려 하지 않는다. 대신 상이 후하고 틀림없는 보상이 따른다면 부하들은 목숨을 걸고 충성할 것이다.

4. 각자의 말에 주의하고, 말한 것에 대해선 꼭 책임을 지워라.

한의 소후는 우(竽:피리의 일종)를 좋아하여 300명으로 구성된 합주단을 가지고 있었다. 어느 날 합주단의 연주를 듣고 있던 소후가 말했다.

"저렇게 많은 사람이 한꺼번에 피리를 부니 누가 서툰지 알 수가 없군."

그러자 소후의 측근인 전엄(田嚴)이 이렇게 대답했다.

"독주를 시켜 보시면 금방 알 수 있습니다."

이 이야기는 평균주의(平均主義)·일률주의(一律主義)에 대한 경고로서, 공적이 있을 경우 그것이 집단의 힘에 의한 것인지, 아니면 개인의 뛰어난 능력에 의한 것인지 분명히 판단하는 것도 우두머리가 해야 할 일임을 일깨워주는 일화이다.

5. 눈치 채지 못하게 상대를 시험하라.

어느 날 소후는 손톱을 잘라내어 그중 한 조각을 감춘 다음 옆 사람들에게 명령했다.

"손톱 조각이 하나 없어졌다. 찾아보도록 하라!"

그러자 얼마 후 한 사람이 '찾았습니다.' 하고는 손톱 조각을 소후에게 올렸다.

소후는 그로써 누가 자신을 속이는지 알게 되었다.

알고 있으면서도 모르는 척하고 물어보면, 몰랐던 사실까지도 알아낼 수가 있다. 이는 한 가지 사실을 숙지하고 있으면, 남이 감추고 있는 것까지 차차 알게 된다는 뜻이다.

이상 부하를 다스리기 위한 5가지 '술'을 소개했는데, 이때 염두에 두어야 할 것은, 서툴게 사용했다가는 오히려 부하의 반발을 부를 위험이 없지 않다는 사실이다.

문제는 사용 방법이다. 사용 방법만 그르지 않다면 틀림없이 강력한 무기가 될 것이다.

뛰어난 인재를
발굴한다

뛰어난 인재를 발굴하기 위해서는 때로 장왕의 지혜를 빌릴 필요가 있다.

춘추오패의 한 사람 중에 초나라 장왕(莊王)이 있다. 춘추오패란, 춘추시대에 천하를 호령하던 다섯 명의 패자를 말한다. 춘추오패가 누구를 가리키는지에 대해서는 여러 설이 있지만, 그래도 실력·인물·업적을 총합하여 평가할 때, 문자 그대로 패자다운 인물이라면 장왕을 꼽지 않을 수 없다. 그야말로 그는 언제나 패자다웠다.

그에 관한 가장 유명한 이야기가 '3년 동안 울지도 않고 날지도 않는 새'의 고사인데, 그 내용은 다음과 같다.

　장왕은 즉위한 지 3년이 되었으나, 정치에는 관심을 두지 않고 추종자들을 모아 잔치나 벌이며 밤낮으로 놀이에 미쳤다. 게다가 나라 안에 이런 포고문까지 붙였다.

　'간(諫)하는 자는 솥에 넣어 삶겠다.'

　이런 가운데 1년이 지나고 2년이 지났다. 대부분의 신하들은 왕이 놀이에 미친 것을 오히려 다행으로 여기고 함께 노는 데 정신이 없었다. 그러나 신하들 중에는 경골(硬骨)도 있었다.

　어느 날 오거(伍擧)라는 중신이 죽음을 각오하고 왕에게 만나 뵙기를 청했다. 장왕은 진흙처럼 취한 채 왼손으로는 정나라의 여자를, 오른손으로는 월(越)나라의 여자를 희롱하면서 오거와 대면했다.

　"감히 아뢸 말씀이 있습니다."

　"그래? 간하는 자는 죽이겠다고 한 것을 모르는가?"

"간하려는 게 아닙니다. 수수께끼를 하나 말씀드리려고 합니다."

"수수께끼? 그거 괜찮지. 어디 얘기해 보라."

"그럼 말씀드리겠습니다. 언덕 위에 새가 한 마리 있습니다. 그런데 그 새는 3년이 되었는데도 날지도 못하고 울지도 못합니다. 이게 대체 어떤 새일까요?"

그런데 이에 대한 장왕의 대답이 참으로 기발했다.

"3년 동안 날지 못했다 하더라도 한 번 날면 하늘 끝에 이를 것이다. 3년 동안 울지 못했다고? 그렇다면 한 번만 울어도 천하를 깜짝 놀라게 하겠지. 네가 말하고자 하는 것이 무엇인지 알고 있다. 그만 물러가도록 하라."

장왕의 얼굴에는 좀 전의 엄격한 기운이 사라지고 오거를 위로하는 듯한 표정이 역력했다. 그런데 이것으로 장왕의 방탕이 끝난 것은 아니었다.

그후로도 장왕의 생활이 조금도 달라지지 않자, 이번에는 소종(蘇從)이란 중신이 나섰다.

소종은 오거와는 달리 직언을 서슴지 않았다. 그것은 목숨을 건 간언(諫言)이었다.

장왕은 다시 옛날에 포고했던 내용을 상기시켰다.

"간하는 놈은 죽이겠다고 했다. 모르느냐?"

"주군의 어리석음을 깨우쳐줄 수만 있다면, 이몸이 부서지더라도 좋습니다."

장왕은 마치 누군가의 직간(直諫)을 기다렸던 듯, 소종과의 만남을 기화로 놀이와는 담을 쌓고 정치에 몰두했다.

장왕이 제일 먼저 착수한 일은 인사 쇄신이었다. 예전에 자신과 함께 놀아나던 신하들을 모조리 쫓아내고 그 자리에 신인을 등용했으며, 오거와 소종 두 사람에게 국정을 맡겼다.

전후 사정으로 볼 때, 장왕은 그저 세월을 보내려고 놀이에 열중했던 게 아니었다. 놀이에 미친 척하면서 신하들의 행동을 관찰하여, 함께 일할 사람과 물리쳐야 할 사람을 점찍어놓았던 것이다. 그리고 그에 대한 판단이 서자, 전광석화처럼 인사를 쇄신하고 국정의 기반을 다졌다. 참으로 영걸(英傑)이라 아니할 수 없다.

큰 도량으로
부하를 다스린다

태산은 흙을 가리지 않는다. 그래서 큰 것이다. 큰 강과 바다는 물을
가려 받지 않는다. 그래서 넓고 깊은 것이다.

장왕에 관해서는 다음과 같은 일화도 전해진다.

어느 날 밤, 장왕은 여러 신하들을 모아놓고 연회를 벌였다.
"오늘 밤은 누구에게도 구애받지 말고 맘껏 놀아도 좋다."
연회는 시간이 지날수록 난장판이 되어갔다. 게다가 불마저 꺼지
자, 그것을 기화로 왕의 애첩에게 장난을 하는 자까지 있었다. 애첩
은 장난을 치는 자의 관끈을 끊어둔 다음 왕에게 호소했다.

"빨리 불을 켜주세요. 그리고 관끈이 없는 자를 붙잡으세요."

그런데 장왕은 애첩의 부탁을 묵살했다.

"아니다. 솔직히 말하여 내가 술을 지나치게 마셨기 때문에 일어난 일이다. 여자의 정조를 중히 여겨 선비를 부끄럽게 만들 수는 없다."

그러고는 한층 소리 높여 신하들에게 외쳤다.

"오늘 밤은 맘껏 놀아라! 모두들 관끈을 잘라버려라!"

잠시 후 다시 불이 켜졌을 때, 여러 신하 중 단 한 사람도 관끈을 길게 늘어뜨리고 있는 자가 없었다.

그로부터 2년 후, 중원의 대국인 진(晉)이 대군을 동원하여 초를 공격했다. 그러자 제일 먼저 초군의 선두에 나서서 용맹하게 싸우는 신하가 있었다. 초나라는 그 신하의 활약으로 마침내 진나라의 대군을 격퇴할 수 있었다.

전쟁이 끝난 다음, 장왕이 그 신하를 불러 말했다.

"참으로 자네의 공이 컸다. 이런 용사를 아직까지 크게 쓰지 못했으니 나의 과실이 크다. 그런데도 나를 위해 목숨을 걸고 싸웠으니 뭔가 까닭이 있는 듯하다. 자세히 말해 보도록 하라."

신하는 엎드려 말했다.

"저는 일찍이 죽었어야 할 몸입니다. 술에 취해 무례를 범했는데도 왕의 은총으로 살아났습니다. 그래서 보은코자 몸을 던져 싸웠을 뿐입니다. 2년 전, 폐하의 총희에게 관끈을 잘렸던 자는 바로 저입니다."

중국의 고전에 '물이 너무 맑으면 고기가 없고, 사람이 너무 따지면 따르는 자가 없다.'라는 말이 있다. 또 '태산은 흙을 가리지 않는다. 그래서 클 수밖에 없다. 큰 강과 바다는 물을 가려 받지 않는다. 그래서 넓고 깊은 것이다.'라는 말도 있다. 모두 리더가 지녀야 할 도량에 대해 언급한 말들이다.

장왕이 부하로 하여금 목숨을 걸고 충성할 수 있게 만든 한마디 말도, 잔일에 구애받지 않는 큰 도량에서 나올 수 있었던 것이다.

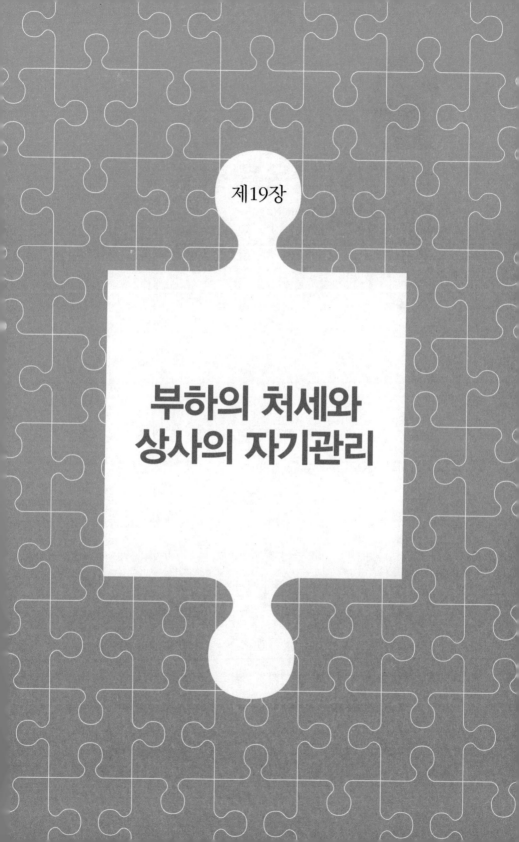

제19장

부하의 처세와
상사의 자기관리

윗사람의 마음을 읽고
진언하라

의견을 말하거나 충고할 때에는, 무엇보다 상대방이 자신을 어떻게 생각하고 있는지를 확실히 파악한 다음 그에 맞춰 하지 않으면 안 된다.

현대의 복잡한 사회생활에 적응해 나가는 데, 부하의 위치에 있는 사람으로서는 상사와의 관계에 신경을 쓰지 않을 수 없다. 만에 하나 잘못하여 상사에게 미움이라도 받게 된다면, 부하 직원은 능력을 발휘할 기회조차 잡지 못할 뿐 아니라, 그 조직 속에서 계속 찬밥 먹을 각오를 하지 않으면 안 된다.

그러므로 원만한 조직 생활을 하려면, 무슨 수를 써서라도 상사에게 인정받는 법을 터득하지 않으면 안 된다.

한비자는 상사에게 진언하려면 무엇보다도 상대방의 마음을 읽을 필요가 있다면서 다음과 같이 말했다.

"윗사람에게 진언하기란 참으로 어렵다. 과연 어떤 점이 그럴까? 진언하는 자는 충분한 지식을 갖추어야 하는데, 그렇지 못하기 때문일까? 아니면 자신의 의견을 말로 표현하기가 어렵기 때문일까? 또 말하고 싶은 것을 거리낌없이 말할 수 있는 용기를 지녀야 하기 때문일까? 아니다. 진언의 어려움은, 상대방의 마음을 읽은 다음 자신의 의견을 상대방에게 맞춰 조리 있게 설득해 나가는 데에 있다."

그는 또 이렇게 말했다.

"용(龍)은 자신을 훈련시킨 자라면 등에 올라타도 순순히 따른다. 그렇지만 턱 밑에 직경 한 자쯤 되는 비늘이 있는데, 이것을 건드리면 자신을 훈련시킨 자라도 반드시 죽인다. 군주라면 누구나 이런 역린(逆鱗)이 있게 마련이다. 이것을 건드리지 않는 진언을 하면, 우선 합격이라 할 수 있다."

일단 실권을 잡고 있는 상사의 눈 밖에 나면 능력을 발휘할 기회조차 잡지 못하는 경우도 있지만, 상사의 배려로 부하의 운명이 크게 바뀌는 경우도 결코 적지 않다.

한비는 이런 예를 들었다.

옛날 위나라의 영공(靈公)이 총애하는 미자하(彌子瑕)라는 미소년이 있었다. 위나라의 법률로는, 왕의 허락 없이 왕의 수레를 타는 자는 발이 잘리는 벌을 받게 되어 있었다. 그런데 미자하는 한밤중에 어머니가 위독하다는 연락을 받자, 왕에게 허락을 받았다고 속이고는 왕의 수레를 사용했다.

이 사실을 안 영공은, 죄를 따지기는커녕 오히려 칭찬의 말을 아끼지 않았다.

"참으로 효성스럽지 않은가? 어머니를 생각하는 마음이 얼마나 지극했으면 발이 잘린다는 것까지 잊었겠는가."

또 어느 날엔가는 영공을 모시고 과수원을 산책하던 미자하가, 복숭아가 너무나도 맛이 있어 자신이 먹던 복숭아를 영공에게 바쳤다. 그러자 영공이 말했다.

"주인을 생각하는 마음이 이 얼마나 갸륵한가. 자신이 먹던 것이라는 사실까지 잊고 내게 권하니……."

그런데 나중에 미자하의 용색이 시들자 영공의 총애도 없어졌다. 그러자 영공은 미자하의 지난 잘못을 들추어내었다.

"이 녀석은 언젠가 허락도 없이 감히 나의 수레를 탄 적이 있다. 뿐만 아니라 자신의 입에 댔던 복숭아를 내게 먹였다."

미자하는 무거운 벌을 받아야 했다.

한비자는 이 얘기를 소개한 다음, 다음과 같이 말했다.

"미자하의 행위는 같았다. 그런데도 앞서는 칭찬을 받았고 나중에는 벌을 받았다. 그 까닭은 미자하에 대한 영공의 감정이 변했기 때문이다. 요컨대 상대방이 이쪽에 대해 애정을 가지고 있는 경우, 좋은 일을 말하면 즉시 호감을 나타내며 더욱 가깝게 된다. 그런데 처음부터 나쁜 감정을 가지고 있는 경우에는, 아무리 좋은 말을 하더라도 받아들이지 않고 점점 멀어질 뿐이다. 따라서 의견을 말하거나 충고할 때에는, 무엇보다 상대방이 자신을 어떻게 생각하고 있는지를 확실히 파악한 다음 그에 맞춰 하지 않으면 안 된다."

상사에게는 부하가 다루기 어려운 존재이듯이, 부하에게도 상사는 상대하기 어려운 존재이다. 그러므로 부하된 자는 늘 세심한 주의를 기울여 상사를 상대하지 않으면 안 된다.

상사에게 인정받는
비결 10가지

상사를 조종하는 것은 부하의 능력이다. 결코 아부와 혼동해서는
안 된다.

　그러면 윗사람에게 진언할 때 어떤 주의를 해야 하는지 구체적으
로 알아보자.
　여기에서도 한비는 인간의 심리 분석에 입각한, 상사에게 인정받
는 10가지 방법을 밝히고 있는데, 그 내용은 다음과 같다.

　　1. 상대방이 자만하고 있는 부분을 칭찬하라. 그리고 부끄럽게 생각하
　　　는 부분은 잊도록 하라.

2. 자신의 행동에 대해 신경을 쓰는 상대방에게는, 대의명분에 입각한 행동임을 자각시키고 자신감을 갖게 하라.

3. 쓸데없는 일인데도 그만두지 못하고 있는 상대방에게는, 나쁜 일이 아니므로 그만두지 않아도 된다고 안심시켜라.

4. 높은 이상에 부담을 갖거나 열등감을 갖는 상대방에게는, 그 이상의 잘못을 지적하고 실행하지 않는 편이 낫다고 말하라.

5. 자신의 명석함을 자만하는 상대방에게는, 그의 계획에 관해 언급하지 말고 다른 예를 들어 새로운 지혜를 갖게 하라.

6. 다른 사람이나 단체와의 제휴책을 진언한 때는, 우선 그것이 이쪽의 지위를 높이는 길이라는 것과, 상대방에게도 이익이 된다는 사실을 설명하라.

7. 위험한 사업을 그만두게 하려 할 때에는, 우선 평판에 나쁜 영향을 줄 거라는 사실을 들어 설득하고, 또 상대방의 이익에도 기여하지 못한다는 사실을 들어 설득하라.

8. 상대방의 행위를 칭찬할 때에는 다른 사람의 같은 행위를 예로 들고, 충고할 때에는 공통점이 있는 또 다른 예를 인용하라.

9. 부도덕한 행위 때문에 번민하는 상대방에게는, 같은 경우에 처한 사람의 예를 들어 신경 쓸 일이 아님을 주지시키고, 명랑한 기분을 갖게 하도록 하라. 또한 실패하여 기운을 잃은 상대방에게는, 실패한 것이 아님을 증명하고 기운을 차리도록 격려해 주라.

10. 자신의 능력에 자신을 가지고 있는 상대방에게는, 그 능력을 의심

한다든가 비방하지 말라. 결단력이 강하다고 자부하는 상대방에게는, 판단의 잘못을 지적하여 상대방을 노엽게 해서는 안 된다. 그리고 계략이 많음을 자부하는 상대방에게는, 그 계략의 잘못을 지적하여 상대를 괴롭게 해서는 안 된다.

위의 10가지 사항을 틀림없이 지킨다면, 상사로부터 미움을 받는 일은 없을 것이다. 그리고 이러한 일을 '기백이 빠진 알랑거림'이라고 멀리해서는 한 조직의 일원으로서 아직도 '수련이 덜 되었다'는 비난을 면치 못할 것이다.

왜냐하면 이 정도의 일은 지극히 상식적인 수준이고, 한비는 한걸음 더 나아가 다음과 같은 비열한 방법까지 권하고 있기 때문이다.

1. 상사의 부인이나 애인의 비위를 맞출 것.
2. 상사의 추종자나 측근에게 접근할 것.
3. 상대방의 도락을 충분히 이용할 것.
4. 외부의 힘을 빌려 강하게 압력을 넣을 것.

이쯤 되면, 상사와 부하의 관계도 적대관계로 전환된 셈이다. 털끝만한 방심도 허락하지 않는다. 한비는 결국 이러한 사실을 예리하게 지적하고, 세상 사람들의 축 늘어진 의식에 경종을 울려주려 했던 것이다.

리더의
7가지 자기관리법

첫째, 권세를 절대 부하에게 넘겨주지 말 것. 둘째, 부하가 외부의 세력을 이용하지 못하게 할 것. 셋째, 부하로 하여금 이해관계에 얽힌 빈틈을 이용치 못하게 할 것. 넷째, 내분이 일어나지 않도록 할 것. 다섯째, 적의 모략에 걸려 부하를 임면(任免)하지 말 것. 여섯째, 작은 이익에 너무 구애받지 말 것. 일곱째, 외부의 힘을 믿지 말 것.

한편 최고 경영직이나 관리직에 있는 사람이 그 자리를 지키려면 어떤 마음가짐이 필요할까? 역으로 말한다면, 최고 경영자나 관리자가 다른 사람에게 약점을 잡혀 자멸하는 경우는 어떤 때일까? 한비는 이 문제에 관해서도 여러 각도에서 분석하여 윗사람의 7가지

자기관리법을 설명하고 있다.

1. 권세를 절대 부하에게 넘겨주지 말 것

주후(州侯)가 형(荊)나라의 재상이 되자 모든 것을 마음대로 하게
되었다. 형왕은 그의 행동에 의심을 품고, 어느 날 주변의 신하들에
게 물었다.

"재상의 행동에 잘못은 없는가?"

그러나 신하들은 하나같이 '없습니다.' 하고 대답했다. 왜냐하면 신
하인 주후에게 왕이 실권을 넘겨주었기 때문이다.

권세를 부하에게 넘겨주어선 안 된다. 최고 경영자가 잃어버린 한
가지 권세를, 부하는 100가지로 써먹는다. 부하가 권세를 부리면 일
반 사원들은 그 부하만을 위해 일하게 되므로, 결국 최고경영자는
유명무실해지는 것이다.

2. 부하가 외부의 세력을 이용하지 못하게 할 것

위나라에 어떤 부부가 있었는데, 어느 날 그들 부부는 서로에게 소
원을 말하기로 했다.

먼저 부인이 말했다.

"부디 100냥만 벌게 해주십시오."

그러자 남편이 말했다.

"그건 너무 적지 않아?"

이 말에 여자가 이렇게 대답했다.

"그것보다 많으면, 당신은 분명히 첩을 얻으려 할 거예요."

부부라도 이처럼 이해가 대립하는 법이다. 하물며 군주와 신하 사이임에랴. 군주와 부하는 당연히 이해가 다르기 때문에, 부하가 진실로 충성을 바친다는 것은 있을 수 없다. 조금이라도 부하가 이익을 얻게 되면 결국 군주는 손해를 볼 수밖에 없는 것이다. 따라서 뱃속이 검은 부하는, 적과 손을 잡고 내부의 방해자를 제거하거나, 외교상의 일로 군주를 미혹케 하고 자신의 이익만을 취할 뿐, 나라의 장래나 국익에 관해서는 전연 생각하지 않는다.

3. 부하로 하여금 이해관계에 얽힌 빈틈을 이용치 못하게 할 것

진나라의 문공(文公)에 관해 이런 이야기가 있다.

어느 날 요리사가 구운 고기를 문공에게 바쳤다. 그런데 그 고기에 머리카락이 한 올 붙어 있었다. 문공은 요리사를 추궁했다.

"자네는 내가 이 머리카락을 먹길 바라는가? 그렇지 않고서야 어떻게 이런 게 여기 붙어 있는가?"

요리사는 즉시 땅바닥에 엎드려 빌었다.

"저는 죽어야 마땅할 죄를 세 번이나 범했습니다. 부엌에서 쓰는

칼들은 늘 숫돌에 갈아놓기 때문에 마치 명검처럼 잘 듭니다. 고기는 잘 잘렸는데, 머리카락은 조금도 잘리지 않았습니다. 이것이 첫 번째 죄입니다. 꼬챙이에 고기를 꿸 때 머리카락을 보지 못했습니다. 이것이 두 번째 죄입니다. 화덕에 불을 새빨갛게 피워 고기를 구웠는데, 고기만 고스란히 익고 머리카락은 조금도 타지 않았습니다. 이것이 세 번째 죄입니다. 어쩌면 저를 미워하는 자가 주위에 있는지도 모르겠습니다."

"네 말이 맞다. 잘 알았다."

문공은 주방에서 일하는 사람 모두를 조사하여 진범을 찾아냈다.

무슨 사건이 일어났을 때, 그에 의해 이익을 보게 되는 자가 있다면, 거의 틀림없이 그 사람이 사건과 관련되어 있다. 손해를 입는 자가 있다면, 그 사람과는 반대로 이익을 보는 자를 주의해 볼 필요가 있다. 따라서 유능한 경영자는, 자신에게 손해가 미치는 사건이 터지면 그에 의해 이익을 얻게 될 자부터 먼저 조사한다. 또한 부하가 손해를 보는 사건이 터지면, 그와 반대로 이익을 얻게 될 자를 조사할 것이다.

4. 내분이 일어나지 않도록 할 것

고돌(孤突)이란 사람이 이런 말을 했다.

"군주가 여자를 너무 좋아하면, 군주의 총애를 받는 여자가 자신의 아들을 후계자로 삼으려고 애쓰기 때문에 태자의 자리가 위태롭게 된다. 또한 군주가 남색(男色)을 즐기면, 그 남자가 실권을 쥐게 되거나 재상의 자리가 위태롭게 된다."

최고의 자리를 둘러싼 세력 다툼은 바로 조직의 내분을 불러온다. 따라서 유능한 리더가 되기 위해서는 그러한 다툼이 일어나지 않도록 미리미리 마음을 써야 한다.

5. 적의 모략에 걸려 부하를 임면(任免)하지 말 것

진의 숙향(叔向)은, 주의 장홍(長弘)을 죽이기 위해 거짓 편지를 썼다. 그것은 장홍이 그에게 보낸 것처럼 되어 있었다.

진왕에게 말해 두었습니다. 전에 약속한 때가 왔으니, 즉시 군대를 이끌고 오시기 바랍니다.

숙향은 그 편지를 일부러 주왕 궁정의 뜰에 떨어뜨리고 급히 그 자리를 떠났다. 얼마 후 그 편지를 발견한 주왕은, 장홍을 매국노로 처형했다. 적이 노리던 대로 되었던 것이다.

6. 작은 이익에 너무 구애받지 말 것

옛날 진의 헌공(獻公)이 우(虞)나라의 길을 빌려 괵(虢)나라를 공격하려고 했다. 순식(荀息)이란 신하가 계략을 진언했다.

"예로부터 우리나라의 보물인 벽(璧)과, 굴(屈)에서 나는 명마를 우나라에 선물하고 길을 빌려달라고 하면 어떻겠습니까?"

"잘될까? 두 가지 모두 내게는 여분이 없는 것들이다. 선물을 받기만 하고 길을 빌려주지 않으면 어떻게 하지?"

"길을 빌려주지 않을 생각이면 받지 않을 것입니다. 선물을 받고 길을 빌려주면, 그것들은 다시 우리 것이 됩니다."

"좋다."

헌공은 즉시 순식을 사자로 하여, 벽과 말을 우공에게 바치고 길을 빌려달라고 청했다.

우공이 헌공의 청을 받아들이려 하자 궁지기(宮之奇)라는 신하가 이렇게 간했다.

"받지 마십시오. 우리 우나라와 괵나라는 서로 도움을 주고받는 관계에 있습니다. 만일 길을 빌려주시면, 괵이 망하자마자 우리 우나라도 망하게 됩니다. 깊이 생각하셔야 합니다."

그런데 벽과 말에 마음을 빼앗긴 우공은 궁지기의 말을 묵살하고
길을 빌려주고 말았다.

순식은 괵을 토벌하고 귀국한 다음, 3년 후에 다시 군대를 이끌고
우나라를 쳤다. 그리고 우공에게 바쳤던 말과 벽을 가지고 귀국하여
헌공에게 바쳤다. 헌공을 매우 기뻐하며 말했다.

"벽은 그대로이고, 말은 더 통통해졌구나."

우공이 나라를 망친 까닭은 무엇일까? 눈앞의 작은 이익에 구애된
나머지, 나중에 해가 돌아올 것을 생각하지 못했기 때문이다.

이처럼 작은 이익에 얽매이다 보면 큰 이익을 잃게 된다는 사실을
명심하라.

7. 외부의 힘을 믿지 말 것

옛날 한(韓)나라가 진(秦)나라의 공격을 받아 위험에 빠졌다. 재상
인 공중붕(公仲朋)이 한왕에게 진언했다.

"동맹국은 믿을 것이 못 됩니다. 이 기회에 영토를 떼어주어 진과
강화하고, 연합군을 만들어 초나라를 공격하는 것이 좋습니다. 그렇
게 하면 진나라의 위협을 초나라로 향하게 할 수 있습니다."

한왕은 공중붕의 계교가 마음에 들었다.

이 소식을 듣고 놀란 초왕은 즉시 한나라에 사신을 보내, 전병력을
동원하여 한나라를 지원할 용의가 있음을 전했다. 초나라의 지원이
있으면 진나라와 맞설 수 있다고 생각한 한왕은, 또다시 방침을 바

꿔 진에 끝까지 항전했다. 그러나 차츰 전세가 불리해지면서 급기야 궁지에 몰린 한왕은 초나라에 구원을 청했지만, 초나라에서는 원병을 보내주지 않았다. 한왕은 결국 영토를 잃고 제후들의 웃음거리가 되고 말았다.

자신의 힘을 정확하게 알지 못하고 외부의 힘만을 믿는 것이야말로 자신을 망치는 지름길이다.

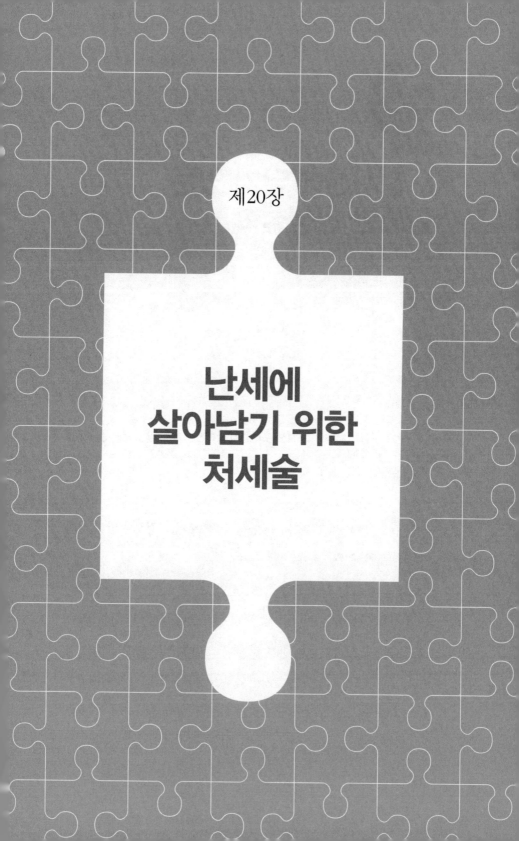

제20장

난세에
살아남기 위한
처세술

노장사상에 담겨 있는
심오한 인생철학

노장사상이란 아무리 깨지고 터지고 밟혀도 죽지 않고 살아나가는 길을 보여주는 비정한 인생철학이다.

이 장에서는 처세술뿐 아니라 인생철학으로서도 경청할 만한 가치가 있는 노장사상을 소개하고자 한다.

노장(老莊) 또는 노장사상이라고 하면, 은둔 생활이나 고담(枯淡)한 경지를 연상하는 사람이 많을 것이다. 별생각 없이 '노(老)'라는 글자 때문에 그런 인상을 받는 것일까? 그런 일면도 없지는 않을 것이다. 그러나 단지 '노'라는 글자만으로 노장사상을 그렇게 이해한다면, 오해도 엄청난 오해이다. 노장은 사실은 노회(老獪)하기 짝이 없는, 냉엄한 처세의 도를 밝힌 인생철학이자 정치철학이다.

중국사회에는 예로부터 유교와 도교 두 원리가 표리(表裏)의 관계를 이루면서 사람들의 인식을 지배하고, 행동의 규범을 제공해 왔다. 유교가 표면적인 원리, 즉 원칙을 제시하는 도덕이라면, 도교는 내면적인 원리, 즉 본심이 담겨 있는 도덕인 셈이다. 또 유교가 사회를 책임지는 엘리트의 사상이라면, 도교는 사회 저변에서 생활하는 민중의 사상이다.

표면적인 가치관밖에 없는 일원적 사회는 너무나도 답답하다. 예를 들어 경제적 가치를 추구한다든가 사회적 지위를 향상시키는 것에만 눈이 뒤집힌 사회에서는, 그것을 이루지 못한 자에게는 사회적 낙오자라는 낙인밖에 남지 않는다. 이렇게 되어서는 사회 전체에 스트레스가 누적되어 메마르기 짝이 없는 분위기를 이루고 만다.

그러나 겉과 속의 두 가지 가치관을 인정하는 사회에서는, 설혹 표면적으로 실패했더라도 내면적 가치를 성취하면 얼마든지 정신적으로 구원받을 수 있다. 엘리트 생활에 실패하더라도 그보다 나으면 나았지 못하지 않은 다른 삶이 있다면, 안달할 필요도 없고 자포자기할 필요도 없기 때문이다.

유교와 도교도, 이처럼 겉과 속의 양면 관계를 유지하면서 중국사회에서 계속 그 명맥을 유지해 오고 있다. 이것은 현대 중국에서도 기본적으로 변하지 않는 가치관이다.

이와 같이 도교의 원류를 이루고 있는 것이 노장사상이다. 노장사상은《노자》와《장자》에 설명되어 있는 사상으로, 옛날에는 '황로지학(黃老之學)'이라고도 불렸다.

노장사상을 처세술의 면에서 보면, '무위자연'과 '유약겸하(柔弱謙下)' 두 가지로 특징지을 수 있다.

'무위자연'이란, 적극적인 움직임이 없는 '정(靜)'의 경지, 고요히 정원석이나 바라보는 고담한 경지를 연상케 하지만, 이것은 어디까지나 일면에 지나지 않는다. 일견 '정'인 듯하지만 그 고요함 속에 '동(動)', 그것도 더없이 강력한 권모술수를 감추고 있다. 그러나 겉으로 드러날 때는 어디까지나 무위이다. 이것이 노장에서 말하는 '무위자연'이다.

'유약겸하'에 관해서도 같은 말을 할 수 있다. 한 발짝 두 발짝 물러서 약자의 입장에 몸을 두면서 사실은 그 속에 엄청난 재능을 감추고 있는 것, 그리고 유능하나 그것을 드러내지 않고 무능한 약자로 가장하는 것, 이것이 바로 '유약겸하'이다.

즉 노장사상이란, 고담한 경지를 지향하기는커녕 아무리 깨지고 터지고 밟혀도 죽지 않고 살아나가는 길을 보여주는 비정한 인생철학인 것이다.

물처럼 살아라

'명경지수'의 경지를 터득할 수 있느냐 없느냐가 노장형 인간이 되느냐 못 되느냐를 결정하는 열쇠이다.

《노자》에 '최고의 선(善)은 물과 같다.'라는 유명한 말이 있다. 이 세상을 살아가기 위한 최고의 처세법은 물처럼 살아가는 것이라는 뜻이다.

왜 물처럼 사는 것이 가장 좋다고 했을까?

첫째로, 물은 매우 유연하고 그릇에 따라 얼마든지 그 모습이 변할 수 있다. 뽐내거나 하며 다른 사람과 마찰을 빚지도 않는다.

두 번째로, 물은 예외 없이 높은 곳에서 낮은 곳으로 흘러간다. 높은 지위 따위는 바라지 않고, 사람과 다투려 하지 않는다. 그렇기 때문에 풍성한 결실을 약속받는다.

세 번째로, 높은 곳을 바라지 않고 낮은 곳에 머물고 싶어하기 때문에 한 방울의 물이 모여 작은 시내를 이루고, 그 시내가 모여 강을 이루고, 강들이 모여 큰 바다를 이루는 것처럼 점점 자신을 크게 할 수가 있다.

네 번째로, 일견 유약한 것처럼 보이지만 사실은 거대한 힘이 내재되어 있다.

물의 습성에는 배울 점이 많다고 생각한 노자는 이렇게 말했다.

"물은 만물을 도와 키워주면서도 자신을 주장하지 않고, 사람들이 싫어하는 낮은 곳으로 흘러간다. 물은 낮은 곳에 자리 잡지만, 마음은 깊고 고요하다. 물은 나누어주는 데에 차별을 두지 않고 언동에는 거짓이 없다. 물은 머물러야 할 때에는 반드시 머물고 움직일 경우에는 무리가 없다. 때에 따라 움직일 뿐이다."

그는 또 이렇게도 말했다.

"세상에 약하고 부드러운 것 중 물처럼 약하고 부드러운 것은 없다. 그런데도 견고하고 강한 것을 이기는 것 중 물만한 것은 없다. 이것은 물이 철저하게 약하기 때문이다."

덧붙여 말한다면, 《노자》쪽은 같은 물에 관한 설명이더라도 정지하여 쥐 죽은 듯이 고요한 물의 상태에 주목한다.

"자신의 모습을 흐르는 물에 비추어 보지 말고, 정지한 물에 비추어 보라."

사람의 모습을 있는 그대로 정확히 비출 수 있는 것은 고요히 멈추어 있는 물뿐이다. 사람도 멈추어 있는 물처럼 늘 고요한 마음 상태를 지닐 수 있으면, 모든 것을 확실하게 관찰하고 정확한 판단을 내릴 수 있다는 뜻이다. 여기에서 '명경지수(明鏡止水)'라는 말이 생겼다. 물처럼 살 수 있느냐 없느냐, '명경지수'의 경지를 터득할 수 있느냐 없느냐가 노장형 인간이 되느냐 못 되느냐를 결정하는 열쇠인 것이다.

상대방을
나보다 앞세우라

움츠리고 싶으면 먼저 편다. 약하면 먼저 강한 것처럼 행동한다. 멸망시키려면 먼저 성하게 해준다. 빼앗으려면 먼저 준다.

두 눈을 부릅뜨고 다른 사람보다 한 발짝이라도 앞서려고 하거나, 혹은 다른 사람을 짓누르고 조금이라도 높은 곳으로 올라서려는 것을 노장사상에서는 적극적으로 말린다. 《노자》는 이렇게 말하고 있다.

"천하를 차지하려고 갖가지 수작을 부리는 자에게 천하가 돌아갈 리 있겠는가? 천하란 참으로 다루기 힘든 것이다. 하나로 모으려 하면 뿔뿔이 흩어져버리고, 쫓아가면 달아난다. 마음먹은 대로 부리려

해도 결코 부릴 수가 없다."

또 이런 말도 있다.

"병법에 '싸움을 먼저 시작해서는 안 된다. 상대방이 싸움을 걸어오기를 기다렸다가 움직여라. 나아가 싸우기보다 물러서서 지켜보라.'고 했다. 이 말을 지키면, 나아가더라도 나아간 것처럼 보이지 않는다. 또 적을 공격하더라도 공격한 것으로 보이지 않으며, 무기를 사용하더라도 그렇게 보이지 않는다. 이것이 병법의 오묘한 진리이다. 병력이 서로 비슷한 때에는, 공격하지 않고 응전만 하는 쪽이 이기게 마련이다."

한 발짝 물러나 사람들과 다투지 않는 것이 어째서 바람직하다는 것일까? 그것이 결국은 자신을 살리며 자신을 발전시키는 방법이기 때문이다. 앞서 나가려고 다른 사람을 누르면, 당연히 상대방으로서는 재미가 없다. 뭔가 반드시 반발이 생기고, 엉뚱한 일로 보복당하는 일이 생길지도 모른다. 이러한 일을 피하려면, 우선 상대방을 나보다 앞에 내세우는 마음을 가져야 한다고 노자는 말했다.

"움츠리고 싶으면 먼저 편다. 약하면 먼저 강한 것처럼 행동한다. 멸망시키려면 먼저 성하게 해준다. 빼앗으려면 먼저 준다."

자신이 하겠다고 나서는 것이 아니라, 우선 한 발짝 물러서서 상대방을 앞에 내세운다. 상대방을 잘되게 하려는 것이 결코 아니다. 뒤에서 따라가면서 때에 따라서는 수레 뒤에 올라타 편안하게 가겠다는 계산이 있기 때문이다. 이것을 노자는 '부쟁지덕(不爭之德)'이라고 말했다.

"훌륭한 인물은 강하지 않다. 전쟁을 잘하는 자는 상대방의 유혹에 빠지지 않는다. 승리를 거두는 자는 결코 동요하지 않는다. 사람을 잘 부리는 자는 상대방의 아랫자리에 있는다. 이것을 '부쟁지덕'이라 한다."

이것이 노장형 인간이 갖추어야 할 두 번째 조건이다.

만족할 줄 알라

욕심이 지나치면 호되게 손해를 보고, 너무 과하게 모아놓으면 크게 잃어버린다. 그러나 만족할 줄 알면 위험하지 않다.

인간에겐 욕망이 있다. 좋은 일이라고 해야 할지 나쁜 일이라고 해야 할지, 욕망이야말로 인간사회를 움직이는 원동력임에 틀림없다. 그런데 노자는 욕망을 완전히 충족시켜서는 안 된다고 말했다.

"인간사회에 이처럼 큰 재액이 그치지 않고 일어나는 까닭은 무엇일까? 만족할 줄 모르는, 한없는 욕망 때문이다. 만족할 줄 안다는 것은, 무엇인가를 얻고 그에 만족하는 것을 뜻하는 것이 아니다. 있는 그대로의 현실에 늘 만족하는 것을 가리킨다."

만족할 줄 모르고 100퍼센트 욕망을 충족시키려고 하면, 충돌과 갈등이 생기고 서로들 다투게 된다. 이러한 불상사를 막으려면, 80퍼센트 정도 충족되는 즉시 나머지 20퍼센트는 상대방에게 양보하면 된다. 그렇게 하면 상대방의 반발을 살 필요도 없고, 자신도 위험을 피할 수 있다. 이 역시 냉혹한 처세의 지혜라 할 수 있다.

노자는 또 이렇게 말하고 있다.

"욕심이 지나치면 호되게 손해를 보고, 너무 과하게 모아놓으면 크게 잃어버린다. 그러나 매사에 소극적이면 부끄러운 일을 당하지 않고, 만족할 줄 알면 위험하지 않다."

노자에 의하면, 인간관계를 원활하게 하고 또 인생을 파탄 없이 이끌기 위해서는 다음의 3가지 조건을 갖추지 않으면 안 된다고 한다.

"첫번째는 자(慈)요, 두 번째는 검(儉)이며, 세 번째는 결코 남보다 앞서지 않는 것이다."

'자'란, 사람을 측은하게 여기는 마음을 가리킨다. 또 '검'이란, 어떤 일에도 선뜻 나서지 않고 머뭇거리는 태도를 말하며, '남보다 앞서지 않는다는 것은, 사람들을 누르고 앞장 서려 하지 않는 것을 말한다.

노자는 이 3가지 조건을 든 다음, '만일 남을 측은하게 여기는 마음도 갖지 않고 그저 용기만을 자랑하며, 겸손한 태도도 모르고 한없이 자신의 욕망만 채우려 하며, 물러설 줄 모르고 오로지 남보다 앞서려고만 한다면 결과는 파멸뿐이다.'라고 경고했다.

이것이 노장형 인간이 갖추어야 할 세 번째 조건이다.

훌륭한 매는
발톱을 감춘다

훌륭한 인물은 보통사람보다 뛰어난 덕을 갖추고 있지만, 그 사실을 드러내지 않기 때문에 일견 바보처럼 보일 때도 있다.

《장자(莊子)》에 '능력이 있기 때문에 삶이 고달프다.'라는 말이 있다. 어설픈 재능을 갖추고 있기 때문에 오히려 자신의 인생을 고통스럽게 만든다는 뜻이다.

《장자》나 《노자》는 한결같이 말 잘하고 유능하며 재능이 많은 것을 꺼린다. 왜 그럴까? 그것은 그런 재능만 믿고 살기에는 이 세상이 너무나도 위험한 곳이기 때문이다.

《노자》에도 '조금이라도 더 높이 보려고 발톱 끝으로 서면, 발까지

상하게 된다. 멀리까지 가려고 큰 걸음으로 걸으면, 나중에는 작은 걸음도 제대로 내밀지 못한다.'라는 말이 있다.

어느 날 노자는 양자(楊子)를 만나 탄식했다.

"예전엔 자네를 제법 쓸 만한 사내라고 생각했는데, 전연 그렇지 않네."

어떤 점이 잘못되었느냐고 양자가 묻자, 노자는 이렇게 대답했다.

"이것저것 자신의 재능을 나타내려고 애쓰는 꼴과, 그렇게 지지 않으려고 안달하는 꼴이 그렇네."

그리고 앞에서 말했듯이, 노자는 처음 공자를 만났을 때도 '훌륭한 인물은 보통사람보다 뛰어난 덕을 갖추고 있지만, 그것을 드러내지 않기 때문에 일견 바보처럼 보이는 법이네. 자네를 보니 우쭐하길 좋아하고, 젠체하는 태도와 아집이 얼굴에 그대로 나타나 있네. 이 모든 것을 버리게.'라고 충고했다.

사실 이런 일을 철저하게 행동으로 옮긴다는 것은 결코 쉽지 않다. 그러나 재능을 함부로 드러내는 일 한 가지만이라도 삼간다면, 적어도 인간관계만은 그런대로 원활하지 않을까?

이것이 노장형 인간이 되기 위한 네 번째 조건이다.

쓸모없기에
진실로 쓸모 있다

사람들은 모두 쓸모 있는 것이 쓸모 있다는 것은 알아도, 쓸모없는 것

이 진실로 쓸모 있다는 사실은 모른다. —장자

노장형 인간이 되기 위해 마지막으로 알아야 할 것이 있는데, 그것

이 바로 '무용지용(無用之用)'이다.

'무용지용'이란 과연 무슨 뜻일까?《장자》에 그에 대한 해답이 있다.

석(石)이라는 목수의 우두머리가 있었다. 언젠가 제나라를 여행하

던 그는, 사람들이 거대한 나무 하나를 신목(神木)으로 여겨 제사 지

내는 것을 보게 되었다. 나무가 어찌나 큰지, 둘레가 백 아름은 될

것 같았고, 열 척의 배에 나눠 실어도 못다 실을 만큼 나뭇가지가 무성했다. 석의 제자들은 너무 놀라 입을 벌리고 나무를 쳐다보았다. 그런데 석은 눈길 한 번 주지 않고 그대로 지나쳤다. 급히 석의 뒤를 따라온 제자들이 물었다.

"여지껏 스승님 뒤를 따르며 나무를 만져왔으나 저렇게 큰 나무는 처음 봅니다. 그런데도 스승님께선 그대로 지나치셨습니다. 무슨 까닭이신지요?"

그러자 석은 가던 길을 멈추고 이렇게 대답했다.

"모르는 소리. 저 나무는 전연 쓸모가 없다. 배를 만들면 가라앉을 것이고, 관을 만들기에는 너무 썩었다. 가구를 만들기에는 냄새가 고약하고, 문을 만들기에는 나뭇진이 너무 많다. 그리고 기둥으로 삼자니 벌레가 너무 많이 꼬일 것 같다. 전연 쓸모가 없는 나무일 뿐이다. 그렇기 때문에 저토록 크게 자랄 때까지 무사할 수 있었을 것이다."

　장자는 여기서 '무용(無用)'을 비난하는 것이 아니다. 오히려 쓸모가 없기 때문에 사람들에게 잘리지 않고 그렇게까지 자랄 수 있었던 '무용'의 의의를 강조하고 있다. 이것은 결코 역설이 아니다. 시험 삼아 우리들 주변을 살펴보자. 전연 쓸모없는 것이라고 생각하던 것이, 의외로 유용하게 쓰인 적이 있을 것이다. 우리가 이러한 사실을 깨닫지 못하는 것이 고정관념에 사로잡혀 있기 때문이다.

　그래서 장자는 이렇게 한탄했다.

　"사람들은 모두 쓸모 있는 것이 쓸모 있다는 것은 알아도, 쓸모없는 것이 진실로 쓸모 있다는 사실은 모른다."

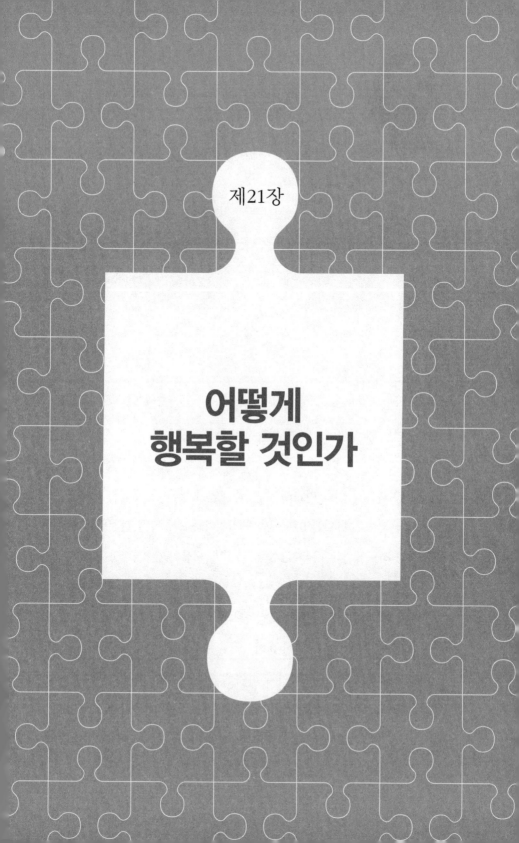

제21장

어떻게
행복할 것인가

인간만사
새옹지마

언제 어느 때 상황이 어떻게 변할지는 아무도 모른다.

일본인과 중국인을 비교해 보면, 중국인이 훨씬 더 불우한 상황에서 강한 것 같다. 일본인은 어쩌다 좌천이라도 당하면 완전히 맥이 풀리고 사기를 잃는다든지, 술을 마시며 세상의 온갖 걱정은 혼자 다 짊어진 것처럼 낙심하는 경우가 많다. 그런데 중국인의 경우에는 충격의 정도가 약할 뿐 아니라, 설사 충격을 받았다 하더라도 일본인 같은 태도를 취하는 일이 적다.

왜 그럴까? 그것은 중국인의 마음속 밑바닥에는, 행복과 불행은 갈마든다는 '순환사상'이 깊이 뿌리를 내리고 있기 때문이다. 그렇기 때문에 때를 만났다고 생각되더라도, 언젠가는 불행한 때가 올 것이라는 신중한 자세로 처신한다. 한편 실의(失意)한 때라도, 그런 상태가 언제까지나 계속되지 않을 거라는 확신을 가지고, '참자, 참자!' 하며 견디는 것이다.

그러므로 그들은 세월이 좋을 때에도 그러한 사실을 코에 걸고 자랑스럽게 떠들지 않으며, 어려운 때에도 필요 이상으로 기가 죽거나 당황하는 일이 없다. 왜냐하면 언제 어느 때 상황이 어떻게 변할지는 아무도 모른다는 의식이 강하기 때문이다. 어떤 의미에서 참으로 대담한 인생관이라 할 수 있다.

이러한 사실을 잘 보여주는 것이 '새옹지마(塞翁之馬)'의 고사이다. 우리들은 보통 '인생만사 새옹지마', 또는 간단히 줄여 '새옹지마'라는 말을 널리 쓰는데, 《회남자(淮南子)》에 실려 있는 이 고사를 소개하면 다음과 같다.

옛날 북쪽 변방에 노인 한 사람이 살고 있었다. 어느 날 노인이 기르던 말이 국경을 넘어 오랑캐 땅으로 도망쳐 버렸다. 북쪽 땅에서 말은 생활필수품이다. 이것은 지금도 변함이 없다. 노인을 아는 사람들은 노인을 위로했다.

그런데 노인은 '괜찮아. 누가 알겠소, 이 일을 기화로 혹시 좋은 일이 생길지……'라며 조금도 개의치 않았다.

그로부터 몇 달 뒤, 노인의 말은 오랑캐 땅의 준마를 한 마리 데리고 돌아왔다. 노인은 아무 수고도 하지 않고 준마를 얻게 된 것이다. 이 소식을 들은 사람들이 노인에게 와서 얼마나 기쁘냐고 물었다. 그러자 노인이 대답했다.

"아냐, 이게 혹시 불행으로 바뀔지 누가 알겠소."

그러고는 조금도 즐겁지 않다는 얼굴을 했다.

몇 년 뒤, 준마가 새끼를 낳아 노인의 가족은 그야말로 말 때문에 재미를 톡톡히 보게 되었다. 그런데 어느 날, 말타기를 좋아하는 노인의 아들이 말에서 떨어져 다리가 부러졌다. 근처의 사람들이 몰려와 노인을 위로했다.

"아냐, 이것이 또 좋은 일이 생길 계기가 될지 몰라."

노인은 이렇게 말하고는 슬픈 기색을 조금도 띠지 않았다.

그로부터 1년 후, 오랑캐들이 국경을 넘어 공격해 왔다. 마을 젊은이들은 무기를 쥐고 싸워, 열 사람 중 아홉 사람이 전사했다. 그러나 노인의 아들은 신체장애자였기 때문에 전쟁터에 나가지 않아 부자 모두가 무사할 수 있었다.

만일 행복과 불행이 순환한다고 하면 좋은 때를 만나더라도 너무 우쭐대서는 안 되며, 혹 어려운 일을 겪게 되더라도 지나치게 슬퍼할 필요는 없을 것이다. 그저 차분히 때가 되기를 기다리면 되는 것이다.

군자도
어려움을 겪을 때가 있다

군자도 얼마든지 불우한 상태에 빠질 수 있다. 그러나 군자와 소인의
다른 점은, 군자는 그런 상황에서 결코 당황하지 않는다는 것이다.

　필자가 좋아하는 중국인 가운데 공자가 있다. 공자라고 하면, 우선
입을 열었다 하면 심오한 철학과 사상만을 말하는 등 왠지 접근하기
어려운 인물이라는 인상을 받는데, 사실 그에 대한 그런 인상은 후
세 사람들, 특히 유교적인 관료들에 의해 조장된 것이지 공자 자신
은 결코 그런 인물이 아니다.

　한때 그는 자신의 재능을 팔아 노(魯)나라의 대신을 지내면서 큰
치적을 남긴 적이 있었는데, 그의 일생에서 그런 시기는 극히 짧았

고 생애의 대부분을, 오늘날로 말하면 일자리를 얻으려고 동분서주했다. 요컨대 뜻을 이루지 못한 채 오랫동안 불우한 시기를 보낸 인물이다. 당시의 사람들은 일자리를 얻기 위해 여러 나라를 돌아다니는 공자를 향해 '상가(喪家)'의 강아지 같다고 손가락질하며 비웃었다. 그러나 공자는 그런 불우한 상태에 처했으면서도 의연한 태도를 잃지 않고, 언제나 등을 곧게 펴고 당당히 머리를 든 채 앞을 향하여 걸어갔다. 공자가 자신의 생애에서 '진채(陳蔡)의 재난'이라 불리는 최대의 어려움을 겪게 된 것은, 바로 그런 때의 일이다.

공자 일행이 초나라에 가고자, 진(陳)나라와 채(蔡)나라의 국경에 다다랐을 때, 그들은 소속을 알 수 없는 병사들에 의해 포위된 채 황량한 벌판 한가운데서 꼼짝달싹 못하게 되었다. 공자 일행은 식량이 바닥나 피로와 굶주림에 숨 쉴 기력조차 없었다. 그러나 공자만은 그런 기색을 조금도 보이지 않았다. 화가 머리끝까지 난 제자 자로(子路)는 공자에게 대들었다.

"군자도 이런 꼴을 당합니까?"

공자는 태연자약하게 대답했다.

"군자도 어려움을 겪을 수 있다. 그러나 소인은 군자와는 달리 어려움을 당하면 당황한다."

불우한 상태에 빠지는 것은, 소인뿐 아니라 군자에게도 얼마든지 있을 수 있는 일이다. 그런데 군자는 소인과 달리 그런 상황에서 당황하지 않는다. 군자가 된다는 것은 결코 쉽지 않겠지만, 이런 마음가짐만이라도 배워야 할 것이다. 그런데 자로는 공자의 그런 대답만으로는 납득할 수 없었던 듯하다.

"저는 스승님께 '선(善)을 행하는 자에게는 하늘이 그 보답으로 복을 주고, 불선(不善)을 행하는 자에게는 하늘이 그 보답으로 화를 준다.'고 배웠습니다. 그런데 스승님께선 세상 그 누구보다도 큰 덕을 쌓으시고 선을 행하셨는데도 지금 이런 재난을 겪고 계십니다. 도저히 납득할 수 없습니다."

"뜻을 이루느냐 못 이루느냐는 때에 달려 있고, 현명하냐 그렇지 못하냐는 그 사람의 재능에 달려 있다. 군자로서 널리 배우고 깊이 생각했으나 때를 만나지 못한 자가 많았다. 그것이 어찌 나만의 일이

겠느냐."

  뜻을 이루느냐 못 이루느냐는 때의 추이에 달려 있다는 것이다. 이 것으로 자로가 충분히 납득했는지 어떤지는 알 수 없다. 그러나 공자는, '뜻을 얻고 못 얻고는 때에 달려 있다.'고 봄으로써 자신의 불우함을 자위했던 것이다.

  불우한 시기에 요망되는 것은 바로 이런 인식이리라. 이러한 인식을 갖게 되면 마음의 평정을 되찾을 수 있고, 머지않아 찾아올 좋은 운을 놓치지 않는 정확한 형세판단도 가능할 것이다.

  이런 상황에서 아등바등 몸부림을 치는 것은 가장 졸렬한 짓이다. 당황하지 않고 조용히 사태에 대처해야 한다.

조용히
때를 기다린다

참을성도 역경을 헤쳐 나가는 강력한 무기가 될 수 있다.

복서(Boxer:개의 일종) 중에는 유난히 투지가 강한 놈이 있다. 상대편 개가 물다가 지쳐 항복할 때까지 절대로 물러서지 않는다.

역경에 강한 인물은 이 복서와 흡사하다. 계속하여 어려움을 겪더라도 조금도 사기가 꺾이지 않는다. 이것은 다분히 그 사람의 인간성과 깊은 관계가 있는 것 같다.

과연 공자는 어떤 인물이었을까? 큰 인물은 종(鐘)과 같아 두드리는 데에 따라 음색이 변한다고 한다. 공자도 그런 인물이라고 딱 잘라 말할 수는 없지만, 여기에서는 공자의 '꺾이지 않는 투지'와 관련된 몇 가지 점을 지적하고자 한다.

우선 공자는 가난함을 조금도 고통스럽게 여기지 않았다. 그런 점에서 그는 낙천적인 성격의 소유자라고 할 수 있을 것이다.

《논어》에 공자의 성격을 잘 말해 주는 다음과 같은 말이 나온다.

'거친 밥을 먹고 물 마시며 팔베개를 하고 잔다. 그렇지만 이런 생활 속에도 즐거움이 있다. 나쁜 짓을 하여 돈과 지위를 얻고 그럴듯하게 사는 것은 내게는 뜬구름과 같다.'

어느 날 자공이, '빈한하더라도 비굴하지 않고, 부유하더라도 오만하지 않는 사람은 위대하다고 생각합니다.' 하고 공자에게 말했다. 자공은 이재에 대단히 밝아 공자의 제자 중에서 제일 부자였다. 그런 그가 이런 말을 한 것은, 자신은 오만하지 않다는 것을 은근히 나타내고 싶었기 때문인지도 모른다.

그러자 공자는 이렇게 대답했다.

"그래, 훌륭하다고 할 수 있지. 그렇지만 가난하더라도 인생을 즐거워하며, 부유하더라도 예를 지키는 사람보다는 조금 못하지."

공자야말로 가난하더라도 인생을 즐기는 방법을 알고 있었던 인물이다. 《논어》에 '공자는 사생활에서 꺼림칙하게 여겨 걱정하는 일이 없었다'는 말이 나오는데, 이 역시 공자의 진면목을 엿볼 수 있는 말이라고 할 수 있다.

또 공자의 낙천적인 일면은 다음의 일화에도 잘 나타나 있다.

공자가 차라리 이민족이 사는 땅에라도 옮겨가 살고 싶다는 말을 한 적이 있다. 그러자 '그는 야만스런 곳에 가시겠다는 말입니까?'라며 반대하는 자가 있었다.

공자는 그에게 이렇게 말했다.

"군자가 사는데 어찌 야만스런 땅이라 할 수 있겠는가."

이민족이 사는 땅은, 《논어》의 원문에는 '구이(九夷)'로 되어 있는데, 요즘으로 치면 아프리카 오지쯤 되지 않을까. 그런 곳에 옮겨가 사는 것을, 공자는 조금도 고통스럽지 않게 생각한 것이다.

이처럼 공자는 생활인으로서 더없이 강인했다. 그랬기 때문에 역경에도 강하게 대처할 수 있었으리라.

공자가 강인한 생활력을 지닌 사실과 관련하여 덧붙인다면, 그는 보통사람보다 월등히 좋은 체격을 타고났던 것이다. 《사기》에 의하면, 공자는 신장이 9척 6치나 됐다고 한다. 한대(漢代)에는 보통 성인의 신장이 7척, 조금 큰 경우 8척이었던 것을 감안하면 공자의 키는 보통사람보다 머리 하나는 더 있는 셈이었다.

이런 선천적인 조건은, 그가 강한 성격의 소유자가 될 수 있었던 적지않은 이유가 되었으리라.

또 한 가지, 공자의 사람됨에서 주목하지 않으면 안 되는 것은, '위엄이 있되 사납지 않았다.', 즉 매우 온화한 분위기를 연출해 내는 인물이었다는 사실이다. 누군가 공자의 이러한 점에 대해 다음과 같이 말했다.

"공자의 인품은 온화하면서도 엄격하고, 위엄을 갖추었으면서도 위압감을 주지 않으며, 예의가 바르면서 융통성이 있었다."

"군자는 세 번 모습을 바꾼다. 멀리서 보면 가까이할 수 없는 위엄이 있다. 가까이 접근해 보면 온화한 인품이 전해져 온다. 그리고 말을 음미해 보면 더없이 엄격하다는 것을 알 수 있다."

이는 자하의 군자에 대한 일반론이지만, 분명히 군자의 표상으로 공자를 염두에 두고 한 말이다.

앞에서도 잠깐 언급했지만, 중국인은 지도자의 요건으로서 '즐거움과 노여움의 감정을 드러내지 않는다.'는 사실을 중시한다. 요컨대좋은 때를 만났을 경우이건 실의를 당한 때이건 일체 감정을 드러내지 않고 늘 태연한 자세를 유지하는 것이 지도자가 갖추어야 할 요건이라는 것이다. 이러한 생각은 오늘날에도 변함이 없다.

그런데 우리들이 아랫사람에게 이런 태도를 취하면, 냉정하다든가 첫인상이 고약하다든가 하는 매우 안 좋은 인상을 주는 경우가 많다. 그래서 그런 인상을 주지 않기 위해서는, '즐거움과 노여움의 감정을 드러내지 않는다.'는 전제하에 '온(溫)', 즉 부드러운 분위기를 연출해 내지 않으면 안 된다.

중국 현대사에서 그런 사람을 찾자면 주은래를 들 수 있을 것이다. 주은래야말로 중국인의 지도자상에 부합하는 인물이라 할 수 있다. 그가 연출해 내는 '부드러움'은 다분히 자신의 기량이 크다는 것을 나타내는 것이며, 또 '최고의 선(善)은 물과 같다.'는 노자사상에 근거한 내면의 부드러움과도 관련된 것이다. 그리고 그러한 태도는 대인관계에서도, 역경을 헤쳐 나갈 때에도 크게 도움이 되었을 것이다.

《논어》에 이런 이야기가 실려 있다.

자금(子禽)이란 제자가 동문의 선배인 자공에게 물었다.

"스승님께서는 어느 나라에 가시더라도 정치 상담에 관여하시는데, 스승님께서 그 나라에 가시기 때문에 그러는 것입니까, 아니면 그 나라에서 스승님을 부르는 것입니까?"

자공이 대답했다.

"스승님의 경우는, 스승님이 가지고 계신 부드럽고도 신중한 인품이 자연스럽게 그렇게 만드는 것이다. 스승님께서는 다른 사람들과는 전연 다른 이유로 움직이신다."

공자의 성격의 특징을 하나 더 든다면, 참을성이 많다는 것을 지적하지 않을 수 없다. 이에 관해서는 공자 자신의 말을 인용하기로 하자.

어느 날 공자는 제자인 안회에게 이렇게 말했다.

"일단 등용되면 전력을 다해 일하지만, 인정받지 못할 때는 조용히 관망한다. 이런 경지에 안주할 수 있는 것은 나와 너뿐일 것이다."

인정받지 못할 때는 참는다. 그리고 경거망동하지 않고 조용히 때를 기다린다. 이러한 참을성도 역경을 헤쳐 나가는 강력한 무기가 될 수 있음을 명심하라.

괴로울 때일수록
힘을 기른다

공자의 위대한 점은 어려운 환경 속에서도 뜻을 세우고, 그것을 생의 마지막까지 관철하려고 애쓴 데 있다.

공자는 물질적 곤궁에 강하고, 온화한 성품을 지녔으며 참을성이 많았다. 이것이 바로 무수한 시련에도 꺾이지 않고, '자신의 길'을 갈 수 있었던 비결이리라. 그렇다면 공자는 어째서 그런 성격을 가질 수 있었을까. 이에 대한 답을 얻으려면, 자기 형성기(自己形成期)의 공자를 돌이켜볼 필요가 있다.

《사기》및 그밖의 자료에 의하면, 공자의 부친인 숙량흘(叔梁紇)은 무인(武人)이었으며, 모친은 안징재(顔徵在)로, 두 사람은 정식으로 결혼하지 않은 채 공자를 낳았다고 한다. 그리고 부친이 일찍 죽어, 공자는 모친의 손에 양육되었다고 한다.

그런데 공자의 이런 출생담은 후세에 꾸며진 이야기라고 보는 학자도 적지 않다. 예를 들면, 금문학자(金文學者)인 시라카와(白川)씨는 갖가지 증거를 제시하면서 '공자는 고아였다. 부모의 이름도 모르고, 어머니는 필시 무녀(巫女)였을 것이다.─《공자전》'라고 말하고 있다.

이런 형편이니 어버이의 이름 따위는 아무래도 좋다. 한 가지 확실한 것은, 공자는 어려서부터 아버지 없이 어머니 손에 자랐으며 경제적으로도 거의 혜택을 입지 못했다는 점이다. 요즘 세태를 감안하여 말하자면, 비행을 저지를 수 있는 조건을 두루 갖춘 환경 속에서 컸다고 할 수 있다.

그런 가운데서 공자의 모친이 어떤 교육 방법을 택했는지 여간 궁금한 게 아닌데, 이장지(李長之)의 다음과 같은 묘사가 사실에 가깝지 않나 생각된다.

"공자는 어려서부터 주위 사람들의 낯빛을 읽어 인정의 차가움과 따뜻함을 이해하고, 그런 가운데 소심하고도 신중한 성격을 길렀다. 또 매우 민감하게, 상대방의 기분을 파악하여 일을 처리하는 습관을 길렀다." ─《인간 공자》

그 어떠한 역경에도 쓰러지지 않고 운명을 달게 견디면서 자신을 단

런시켜 나가는 공자의 삶의 자세를 엿볼 수 있는 말이 아닐 수 없다.

공자는 17세에 어머니를 잃고, 19세에 결혼했으며, 20세에 아들을 얻었는데, 생활을 위한 괴로운 투쟁은 계속되었다.

그 당시의 어려움을 전해 주는 이야기가 《논어》에 전해진다.

어느 날 대재(大宰)가 자공에게 물었다.

"당신의 스승은 성인이십니까? 만약 그렇다면 너무 약삭빠르십니다."

"물론 우리 스승님은 하늘이 내신 성인이십니다. 단 스승님께서 그러신 것은, 성인이신 것과는 별도의 문제입니다."

나중에 이 얘기를 들은 공자는 이렇게 말했다.

"대재는 나를 잘 알고 있다. 나는 젊었을 때 무척 고생을 했기 때문에 하찮은 일까지 알고 있다. 그러나 그렇게 약삭빠르다는 것이 칭찬받을 만한 것은 아니다."

일설에 의하면, 공자는 이십대에 두 번 하찮은 일에 종사한 적이 있다고 한다. 그러한 일을 하지 않을 수 없을 만큼, 젊었을 때의 그는 가난하고 불우했던 것이다.

공자는 인생의 풍상에 단련된, 참으로 세상 물정을 잘 아는 사람이었다. 그런 사람이 아니고선 말할 수 없는, 실로 음미할 만한 말이 《논어》에 몇 개 실려 있는데, 두 가지만 소개하도록 하겠다.

'가난하지만 비뚤어지지 않는다. 이것은 참으로 어렵다. 부자이면서도 자랑하지 않는다. 이것은 참으로 쉽다.'

'손윗사람과 이야기할 때 해서는 안 될 일이 세 가지 있다. 성급함, 감추는 것, 맹목이 바로 그것이다. 성급이란 묻지도 않았는데 대답하는 것이고, 감추는 것이란 묻는데도 대답하지 않는 것을 말한다. 그리고 맹목이란 상대방의 표정도 살피지 않고 제멋대로 지껄이는 것을 말한다.'

이는 생활의 쓴맛을 보지 않고서는, 그리고 인간관계에서 몹시 시달리지 않고서는 나올 수 없는 말이다.

공자의 위대한 점은 이런 어려운 환경 속에서도 뜻을 세우고, 그것을 생의 마지막까지 관철하려고 애쓴 데 있다.

"나는 열다섯 살 때에 학문으로써 몸을 세우겠다고 결심했다."

그러나 학문이라고 해야 스승님을 두고 배우는 것이 아니라 거의가 독학이었다. 제자인 자공이 이것을 증언하고 있다.

"스승님께서는, 모든 사람으로부터 무엇인가를 배우려고 하셨다. 어떤 특정인을 스승으로 두신 적이 없다."

공자의 배우고자 하는 태도는 참으로 진지했는데, 그점에 대해 공자 자신은 이렇게 말했다.

"내게 선천적으로 재주가 있는 것은 아니다. 다만 앞사람들의 업적을 사모하여 그것을 늘 연구할 뿐이다."

그는 꾸준히 노력하고, 홀로 수행함으로써 점차 지식과 지혜를 높이 쌓아갔던 것이다. 그야말로 '만성(晩成)'인 셈이다. 공자가 세간에서 널리 인정받게 된 것은 40세가 지나서였는데, 그가 '마흔 살에 미혹되는 바가 없었다.'고 한 것은 40세가 되어 비로소 자신이 나아가는 방향에 대해 확신을 가졌기 때문이리라.

또 '나이 40이 되어서도 사람들한테 미움을 받는다면, 그 인간은 이미 끝난 것과 같다', '40세나 50세가 되어서도 아무것도 하지 못한다면, 그는 대단한 인물은 아니다'라고, 어떤 의미에서는 우리들 보통사람의 기분을 잡치게 하는 말을 한 것도 공자 자신이 40세쯤 되어 어느 정도 명성을 얻었기 때문이라고 해석할 수 있다.

사십대라고 하면 요즘에는 겨우 인생의 중반에 접어든 때지만, 공자가 활동하던 시대에는 이미 인생의 종반기—요즘의 환갑쯤 되는—에 해당하는 시기였다.

요컨대 공자는, 빈곤한 환경에서 몸을 일으켜 끊임없이 노력하여 사회에 진출한 인물이다. 끊임없이 노력하는 삶의 자세, 그것이 그를 '포기하지 않는 인물', '역경을 이겨내는 인물'로 만들었을 것이다.

천명(天命)을 자각하고
당당하게 행동한다

'천명'을 자각하면 발버둥치지 않는다. 체념하지도 않는다.

공자가 역경을 참아낼 수 있었던 원동력을 한 가지 더 들라면, 그것은 그가 '천명(天命)'을 자각했다는 것이다. '천명'이란 바로 하늘의 의지이다.

중국인은 인간세상의 일이라면 그 무엇이든 하늘의 의지가 개입되어 있다고 생각해 왔다. 공자 역시 천명을 믿고 더없이 겸허한 태도로 그것을 받아들였다.

《논어》에서 한 예를 들어보자.

군자는 세 가지를 두려워한다. 천명을 두려워하고, 대인을 두려워하며, 성인의 말씀을 두려워한다. 소인은 천명을 몰라 두려워하지 않는다. 대인을 업신여기고, 성인의 말씀을 우습게 여긴다.

'천명' 앞에서는 인간의 발버둥 따위는 통하지 않는다. 공자는 '쉰 살에 천명을 알았다.'고 했다. 이 경우, 천명을 안다는 것은 하늘이 자신에게 부과한 사명을 자각하는 것을 뜻한다. 공자가 자각한 사명감이란, 잃어버린 사회질서를 회복하고 이상적인 사회를 재현하는 것이었다.

공자의 후반생은 천명을 자각하는 것에서 시작했다고 해도 과언이 아니다. 정치혁신의 이상에 불타 아무런 보답도 없는, 제국을 유력하는 일에 온 정성을 쏟았다.

그랬기 때문에 세상을 버린 은자(隱者)들로부터 '전연 쓸모없는 것을 하는 놈'이라고 비웃음을 당하고, 천하를 유력하다 무수히 고난을 받았다. 그러나 공자에게는 사명감이 있었기 때문에 이런 수난과 고통쯤은 문제될 게 없었다.

공자는 위험에 빠지더라도 늘 여유로웠다. 예를 들면 광(匡)이라는 곳에서 박해를 받을 때도, '하늘이 아직 이 땅의 문화를 없애려 하지 않는데, 광인(匡人)들이 어찌 나를 해칠 수 있겠는가!'라며 조금도 동요하지 않았고, 또 송나라에서 환퇴(桓魋)라는 자에게 목숨을 잃을 뻔했을 때에도 '내게는 하늘로부터 받은 사명이 있다. 환퇴 따위가 나를 어찌할 수 있겠는가.' 하고 조금도 두려워하지 않았다. 공자는 이처럼 강렬한 사명감을 밑천 삼아 위기를 모면했던 것이다.

그런데 '천명'을 자각한다는 것은, 지금까지 살펴본 것과 같이 사명감과 결부된 적극적인 면 외에 고요한 체념과 결부된 면도 없지 않다. 만일 인간세상의 모든 현상에 하늘의 의지가 담겨 있다고 하면, 결국 사생(死生)·화복(禍福)·길흉(吉凶) 등도 하늘의 뜻에 의한 것이며, 인간의 힘으로는 어떻게 해볼 수 없다는 뜻이다.

그런데 특별히 인간의 힘이 미치지 못한다는 사실을 강조할 때에는 '명(命)'이라는 한 글자만을 사용하는 경우가 많다. 예를 들어보자.

한의 고조인 유방이 죽으려 하자, 몹시 걱정된 여후가 팔방으로 손을 써서 천하의 명의를 찾도록 했다. 그러나 유방은 '명(命)은 모름지기 하늘에 달려 있다오. 천하의 명의 편작(扁鵲)이 온다 해도 어쩔 수 없을 것이오.'라며 명의들을 물리쳤다.

여기에서 유방이 강조하고 있는 것도 '명'이다. '명' 앞에서는 편작과 같은 명의도 어쩔 수 없다는 것이다.

그런데 '명'을 자각하면 어떻게 될까.

사람들은 보통 역경에 처하거나 위기를 맞으면, 우선 손발을 버둥거리며 발버둥칠 것이고, 그 결과 상처는 한층 더 커질 것이다.

그렇지만 '명'을 자각하면, 그런 경우 적어도 발버둥치지는 않는다. 그렇다고 체념하지도 않는다. 한마디로 '쓸데없는 저항'은 하지 않는 것이다.

'명'을 받아들이면 일종의 체념이 생기지만, 그것은 끈질기게 살아 남겠다는 것이지 삶을 포기하겠다는 것은 결코 아니다.

오히려 역경에 처했기 때문에 에너지 소모를 적게 하기 위해, 여유 있는 자세를 잃지 않으려 한다. 따라서 체념임에는 틀림없지만, 그것은 단순한 포기가 아니라 적극성을 속에 감춘 체념인 것이다.

중국인의 인생태도는, 옛날부터 이 '명'을 축으로 하여 형성되어 왔다. 그만큼 '명'이 의식 속에서 차지하는 비중이 크다 할 수 있다.

그렇다면 공자는 과연 '명'을 어떻게 생각했을까. 《논어》에는 이에 관해 언급한 곳이 몇 군데 있다.

염백우(冉伯牛)라는 제자가 불치의 병에 걸렸다. 아마 문둥병이었으리라.

문병차 염백우를 찾아간 공자는, 창밖에서 제자의 손을 잡고는 탄식했다.

"명이로구나."

애처롭기 짝이 없지만 어쩔 수 없다는 뜻이었다.

또 이런 이야기도 있다.

제자인 자로가 노나라의 높은 벼슬에 있던 계손(季孫)을 섬길 때의 일이다. 동료인 공백료(公伯寮)라는 사람이 있는 일 없는 일 할 것 없

이 자로에 대한 험담을 계손에게 하여 자로가 곤경에 빠졌다. 걱정
이 된 자로의 동료 하나가 그 사실을 공자에게 보고하고, 이번 기회
에 공백료를 혼내주겠다고 말했다. 그러자 공자는 이렇게 말했다.

"도가 잘 통하는 것도 명이고, 통하지 못하는 것도 명이다. 공백료
가 명을 어찌할 수 있겠는가."

도리가 통하는 것뿐 아니라 통하지 않는 것도 '명'에 의한 것이므로
공백료가 아무리 농간을 부려도 '명'을 바꿀 수는 없다는 뜻이다.

'명을 모르면 군자라 할 수 없다.'

이것은 《논어》에 나오는 말 중에서도 매우 유명한 말이다.

공자도 '명'을 믿고 있었다. 그랬기에 온갖 역경에 태연히 대처할 수
있었던 것이다.

제22장

영웅에게서
배우는 행동철학

넘어지더라도
맨손으로는 일어나지 않는다

누구에게나 불우한 시기는 있게 마련이다. 문제는 그 시기에 어떻게 처신하느냐이다. 때를 기다리는 것은 좋지만, 그저 막연히 기다리기보다는 앞일을 생각하고 그때를 위한 준비를 철저히 해두어야 한다.

불우한 시기가 오랫동안 지속되었다는 점에서는 《삼국지》에 나오는 유비도 마찬가지이다.

거병 이래 20년, 뭔가 힘이 붙을 만하면 다시 가라앉는 상황이 반복되면서 전연 희망이 보이지 않았던 것이다. 라이벌인 조조가 중국 북쪽 일대를 제압하고 떠오르는 태양처럼 세력을 확장하는 데에 비해, 유비는 조조에게 쫓겨 형주(荊州)의 호족(豪族)인 유표(劉表)에게 몸을 맡기고 손님 신세로 세월을 보냈다. 유비로서도 그러한 자신의 신세가 한심스럽기 짝이 없었다.

그러던 어느 날, 유비는 유표의 저택에 초대되어 술을 마셨다. 유비는 도중에 자리를 떠 화장실에 갔다가 깜짝 놀라고 말았다. 허벅지에 군살이 붙어 있는 게 아닌가. 말을 타고 전장을 누비면 결코 허벅지에 비곗살이 붙을 리가 없었다. 유비는 자신도 모르게 눈물을 흘렸다.

자리로 돌아온 유비의 눈가에 물기가 있는 것을 보고, 유표가 이상하게 여겨 물었다.

"아니, 무슨 일이 있었소."

유비는 흠칫 놀랐다. 그러고는 정신을 가다듬고 이렇게 대답했다.

"이 몸은 오늘날까지 안장에서 떠나본 적이 없었습니다. 그래서 허벅지가 군살 하나 없이 단단했습니다. 그런데 요즘은 말을 타지 못해 허벅지에 비곗살이 올랐습니다. 속절없이 세월만 보내며 이 몸은 늙어가고 있습니다. 오늘에 이르러 변변한 공업(功業) 하나 세우지 못했으니, 어찌 슬프지 않겠습니까."

이렇게 해서, 능력을 발휘할 기회를 얻지 못하고 불우한 상태에 있는 것을 한탄할 때 쓰는 '비육지탄(髀肉之嘆)'이란 말이 생겼다.

20년 동안이나 싹이 보이지 않았다면, 보통사람이라면 기세가 꺾이거나 자포자기하였을 테지만, 참으로 유비는 끈질겼다. 그러한 상태에서도 앞일을 생각하고 그때를 위한 준비를 잊지 않았다.

당시 유비가 몸을 둔 형주에는, 각지에서 전란을 일으키고 도망쳐 온 인재들이 많이 모여 있었는데, 유비는 그런 무리들과 교제를 넓히면서 끊임없이 인재를 물색하고 있었다. 넘어져도 결코 맨손으로는 일어서지 않겠다고 결심했던 것이다. 그런 가운데 최대의 수확이라면, 제갈량에 관해 알게 된 것이리라. 유비는 공명의 평판을 듣자, 즉시 그를 찾아가 결국 '삼고지례(三顧之禮)'로써 그를 군사(軍師)로 맞아들였다.

이 사건은 유비의 인생에서 큰 전기가 되었다. 그후 그는, 공명의 기략 넘치는 군략으로 착실히 세력을 확대하고, 마침내 촉 땅에서 자립할 수 있게 되었다.

우리는 이러한 유비에게서 2가지 점을 배울 수 있다.

우선, 계속 가라앉기만 하는데도 틀림없이 부상하리라는 것을 내다보고 장래에 대한 포석을 잊지 않았다는 점이다. 다음으로는 공명을 맞아들여 자기 진영의 힘을 강화한 점인데, 이것을 개인의 경우에 적용하여 말한다면 능력의 재발견을 꾀했다고 할 수 있을 것이다.

누구에게나 불우한 시기는 있게 마련이다. 문제는 그 시기에 어떻게 처신하느냐이다. 때를 기다리는 것은 좋지만, 그저 막연히 기다리기만 해서는 너무나도 무기력하다. 유비처럼 장래를 위한 포석을 해야 하는데, 거기에는 여러 가지 방법이 있을 수 있다.

동진시대의 명장 중에 도간(陶侃)이란 인물이 있다. 전원시인(田園詩人) 도연명(陶淵明)의 선조라고 하면 이해하기 쉬우리라. 그는 반란을 진압하는 공을 세워 크게 이름을 떨쳤는데, 그것이 오히려 화가 되어 당시의 실력자인 왕돈(王敦)에게 미움을 사 광주(廣州)의 장관으로 좌천당하고 말았다.

광주는 남쪽 변두리에 있었다. 당시의 감각으로는 섬에 유배된 것과 다름없었다.

그런데 유배 생활이나 다름없는 광주 생활을 도간은 어떻게 보냈을까? 그는 매일 아침 100장의 큰 기와를 집 밖으로 옮겨놓은 다음, 저녁에는 다시 그것들을 집 안으로 옮기는 일을 하루도 빠짐없이 계속했다. 어떤 사람이 그 까닭을 묻자 도간은 이렇게 대답했다.

"언제 다시 불려가 전선에 나설지 모른다. 그때를 대비하여 고통을 견디는 훈련을 하고 있는 것이다."

앞날을 위해, 무거운 기와를 날라 몸을 단련한다는 것이다. 참으로 훌륭한 각오라 아니할 수 없고, 불우한 시대를 보내는 마음가짐으로 크게 본받아야 할 것이다.

도간은 오랫동안 군직에 있으면서도 문관으로서 유능하게 정부의 처리에 임했고, 마치 물이 흐르듯 일을 처리했다 한다. 또한 자신의 일에는 더없이 정성을 쏟았다. 그는 부하들에게 자주 이런 말을 했다.

"대우(大禹:위대한 우임금이란 뜻)는 성인이셨으나 촌음(寸陰)을 아끼

셨다. 우리들은 그렇게까지는 못하더라도 분음(分陰)을 아껴야 한다. 일유황취(逸遊荒醉)해서는 안 된다."

'일유황취'란, 짬만 나면 놀이로 시간을 보내거나 술을 마시는 것으로, 그런 짬이 나면 일에 더욱 정성을 쏟으라는 뜻이다.

덧붙여 말한다면, 도간은 후에 다시 수도로 불려가 요직을 역임하고 '동진의 주석(柱石)'이란 칭찬을 들었다.

《자치통감》이란 유명한 책이 있다. 중국의 역사를 편년체(編年體)로 기술한 책으로, 저자는 송대의 사마광(司馬光)이다. 사마광이 이 책을 쓴 것은, 그로서는 대단히 불우한 시기였다 할 수 있다. 그는 본디 정치가의 엘리트 코스를 밟은 인물로, 주위로부터도 재상이 될 인물이라고 각광받았다. 그런데 라이벌인 왕안석(王安石)이 재상에 임용되고, 왕안석의 신법(新法)에 의한 정치혁신이 진행되는 바람에 그의 운명은 크게 바뀌고 말았다.

왜냐하면 혁신파인 왕안석과는 달리 무위자연을 신조로 하는 보수파 정치가였던 사마광은 왕안석의 '신법'에 맹렬히 반대하고 나섰기 때문이다. 그 결과 사마광은 조정에는 발도 못 붙이게 되었고, 정계를 물러나 한직에서 2년 가까이 세월을 보내면서 《자치통감》을 완성했던 것이다.

사마광의 경우, 좌천은 아니지만 정치싸움에서 패하여 물러났다는 것은 본인에게는 여간 충격적인 사건이 아닐 수 없었다. 그러한 상황에서도 그는 불후의 명저인 《자치통감》을 완성했다. 이 또한 난관을 극복하는 훌륭한 방법이라 할 수 있지 않을까.

물론 사마광이 한 일은, 아무나 할 수 있는 일은 아니다. 그런데 생각하기에 따라서는, 불우한 시기야말로 열심히 노력하여 새로운 가치를 창조할 수 있는 기회가 될 수도 있다.

인생은 참으로 길다. 지금 혹시 힘들고 어려운 상황에 처해 있다면 좌절하지 말라. 듬뿍 힘을 기르면서 서서히 기회를 노리는 것이 어떨까?

역경이야말로
진정한 기회이다

사람들은 누구나 긴 인생을 통해 절대절명의 순간을 한두 번쯤은 겪게 마련이다. 그리고 그런 위기야말로 새로운 행동을 일으킬 절호의 기회일 수도 있다.

《좌전》이라는 중국의 성전(聖典)에 '즐거움에 젖어 현재에 만족하면 성공을 바랄 수 없다.'라는 말이 나온다. 즉 타성에 젖어 별로 하는 일도 없이 세월만 보내서는, 성공하기는커녕 그런 현실에서 빠져나올 수 없다는 뜻이다.

그렇지만 인간은 약한 존재이다. 따라서 현 상태의 '작은 성공'에 만족하는 것이 일반적이다.

　한고조 유방도 처음에는 그랬다. 앞에서도 얘기했지만, 유방은 중국 3천 년의 역사 속에서도 다섯 손가락 안에 꼽히는 영걸이었다. 그런 그도 젊었을 때는 생업에 종사하지 않고, 유협꾼들과 교제를 나누면서 마을의 어깨 노릇을 했다. 그런데 우연한 기회에 진시황의 행렬을 보고는, '아아, 남자로 태어났다면 최소한 저 정도는 되지 않으면 안 된다.'고 중얼거렸는데, 이것은 그 자리에 있던 사람이라면 누구라도 갖게 되는 감정에 지나지 않았다.

　당시 유방에게는 천하를 차지하겠다는 야심 따위는 전혀 없었다. 사실 그는 그때부터 술과 여자에 빠져들어 밤낮없이 술집에 드나들며 시골마을의 깡패 두목으로 만족했던 것이다.

　그러한 유방이, 진나라를 전복하자는 반란군의 지도자로 부상된 것은 특별한 야심이나 포부가 있었기 때문이 아니다. 사실대로 말하자면, 막다른 골목에 몰린 나머지 자포자기 상태에서 나온 선택이었던 것이다.

언젠가 그는, 현(縣)의 명령으로 죄수들을 진나라의 수도까지 호송하게 되었다. 그런데 죄수들은 감시가 허술한 틈을 타 하나 둘 도망치기 시작했다. 진나라의 수도에 도착할 때까지 계속 그럴 형편이었다. 유방으로서는 여간 골치가 아프지 않았다. 그런 상태로 함양까지 갔다가는, 자신을 기다리고 있는 것은 죄수 호송의 책임을 묻는 중형뿐일 게 뻔했다. 마음을 정한 그는, 그 자리에 주저앉아 술을 마시고는 죄인들을 모조리 풀어주었다. 그러면서 이렇게 말했다.

"너희들 좋은 곳으로 도망쳐라. 나도 도망치겠다."

이리하여 스스로 '도망자'의 길을 선택한 유방은, 관의 추격을 피해 산속으로 몸을 숨겼다. 그런데 얼마 아니 되어, 그의 밑에는 소문을 듣고 찾아온 100여 명의 부하들이 생겼다. 그러나 그 정도로는 아무 일도 할 수가 없었다. 그런데 이윽고, 고향인 패현(沛縣)의 사람들이 그를 찾는다는 소리가 전해졌다. 반란을 일으키려는 데 좀 도와달라는 것이었다. '도망자'인 유방으로서는 찬밥 더운밥을 가릴 처지가 아니었다.

그런데 패현의 유력자들은 반란을 일으켰으면서도, 모두들 우두머리가 되는 것을 꺼려했다. '반란'이란 위에 대한 무장봉기를 뜻한다. 성공하면 더없이 좋지만, 실패하면 목숨을 내놓아야 한다. 더욱이 당시로서는 성공할 확률이 높지 못했으므로 패현의 유력자들이 선뜻 나서기를 꺼리는 것은 당연했다.

그러나 유방은 죄를 짓고 도망다니는 처지였으므로, 설혹 실패한다 하더라도 잃을 것이 없었다. 사람들은 유방을 어거지로 반란군 우두머리로 삼았다.

유방도 그런 위험한 자리에는 앉고 싶지 않았을 것이다. 사실 그는 사람들로부터 그런 부탁을 받았을 때, 처음에는 극구 사양했다. 그러나 결국 그는 사람들의 청을 받아들이지 않을 수 없게 되었다. 유방이 그들의 청을 받아들여 반란군의 두목이 된 이유를 구태여 찾아본다면, 다음 두 가지를 생각할 수 있다.

첫째, 유방은 유협의 세계에서 살았던 인물이다. 유협의 무리는 사람들이 어려운 처지에 있으면 그것을 못 본 척하지 않는다. 또 사람들로부터 간곡한 부탁을 받으면 거절하지 못한다. 이것이 그들 세계의 '인의'이다. 이 '인의' 때문에 좋지 않은 자리라는 것을 뻔히 알면서도 유방은 반란군의 두목이 되지 않을 수 없었던 것이다.

둘째, 당시 패현의 유력자들이 반란군의 두목이 되기를 꺼린 것은, 자신들의 사회적 지위를 잃으면서까지 그런 자리에 앉고 싶지 않았기 때문이다.

그렇지만 유방은 만에 하나 반란이 성공한다면 '도망자'의 신분에서 벗어날 수 있을 뿐 아니라, 그 이상의 생활도 할 수 있게 되리라는 것을 예상했다. 마지못해 수락했을망정 유방이 반란군의 두목이 된 가장 큰 이유는 바로 이것이었다.

어떤 일을 시작하는 데 성공할 확률이 100퍼센트라고는 도저히 말할 수 없다. 어느 경우이든 틀림없이 모험적인 요소가 있게 마련이다. 그런데 패현의 유력자들처럼, 위험만 생각하고 꽁무니를 뺀다면 영원히 자신들이 처한 현재 상태를 벗어날 수 없다. 그런 점에서, 막다른 골목에 다다른 유방은 더 이상 잃고 말고 할 것이 없었다. 그런 홀가분함이 처신하는 데 큰 도움을 준 셈이다.

일반적으로 '막다른 곳에 몰린 상태'라 하면, 그 사람에게는 절대절명의 순간임에 분명하다. 그리고 그런 위기는 긴 인생을 통해 누구나 한두 번쯤은 겪게 마련이다. 그런데 생각하기에 따라서는 그런 위기야말로 새로운 행동을 일으킬 절호의 기회일 수도 있다. 이 사실을 명심하라.

부당한 처우에는 노여움을 품어라

부당한 처우에 대한 노여움을 품어라. 그리고 그것을 새로운 힘으로 분출시켜라. 단 노여움을 있는 그대로 폭발시키다 보면, 자칫 자신의 무덤을 파게 되는 경우가 많으므로 행동으로 옮기기까지는 빈틈없는 준비를 해야 한다.

자의 반 타의 반으로 반란군의 지도자가 된 유방은, 천하를 품어 보겠다는 생각 같은 것은 애당초 하지 않았었다. 그런 그가 천하를 거머쥐겠다는 결의를 명확하게 하고 행동을 개시한 데에는 뭔가 새로운 동기가 있었을 것이다. 대체 그 동기가 무엇이었을까. 한마디로 잘라 말한다면 그것은 냉대에 대한 분노였다.

　유방이 이끄는 패현의 반란군은, 각지에서 벌떼처럼 일어난 반란 군으로 구성된 반진연합군(反秦聯合軍)에 흡수되어 함양을 공략하 라는 명령을 받았다. 또 함양에 제일 먼저 입성하는 자에게 관중의 땅을 주겠다는 약속을 받았다. 그런데 유방이 함양을 함락한 후, 연 합군 사령관이라 할 수 있는 항우에 의해 이루어진 논공행상에서, 관중의 땅은 진나라에서 항복해 온 장수에게 주어졌고, 유방은 변 두리의 땅밖에 받지 못하게 되었다. 분명한 약속 위반이었다.

　앞에서도 말한 것처럼, 거병 당시 유방에게는 천하를 차지하겠다 는 야심 따위는 없었다. 사람들에게 끌려 마지못해 반란에 참여하 였을 뿐이었다. 그런 유방으로 하여금 항우의 패권에 도전하겠다는 야망을 불러일으킨 것은, 다름 아니라 항우 자신의 어처구니없는 논공행상이었다. 유방의 세력이 커지는 것을 두려워한 항우의 몰염치한 처사가 유방의 분노를 샀던 것이다.

수동적으로 살아가는 것이 몸에 밴 유방과 같은 유형의 사람은 행동을 일으키기까지는 시간이 걸리지만, 일단 움직이면 참으로 강한 추진력을 가지고 있어 결코 쉬이 꺾이지 않는다. 이에 반해 항우와 같은 유형은 생각을 행동으로 옮기는 결단은 무척 빠르지만, 일단 수세에 몰리게 되면 그대로 주저앉고 만다.

유방은 부당한 처우에 대한 노여움을 고스란히 새로운 힘으로 분출시켜 항우의 패권에 도전하고, 마침내 그를 몰아내었다.

그런데 노여움을 있는 그대로 폭발시키다 보면, 자칫 자신의 무덤을 파게 되는 경우가 많다. 그러므로 행동으로 옮기기까지는 빈틈없는 준비가 필요하다. 우리는 유방에게서 이러한 신중함도 배워야 할 것이다.

열정의 리더십

지은이 | 모리야 히로시
옮긴이 | 소화중
펴낸곳 | 북팜
주소 | 서울 마포구 연남로 42
전화 | 02-337-0549
팩스 | 02-337-0546
등록번호 | 제313-2008-187호
초판 1쇄 발행 | 2012년 5월 31일
    5쇄 발행 | 2014년 5월 31일

ISBN 978-89-97959-21-1 (03190)